だいわ文庫

精神科医が教える

60歳からの人生を楽しむ孤独力

保坂 隆

JN061576

大和書房

はじめに　これからは、「がんばらず、ちょこっとずぼら」に

日本で、シニアと呼ばれる65歳以上の人の割合は、ついに4人に1人以上になりました。そのため、シニアをターゲットとする本もたくさん出ています。

しかし、その多くが「孤独はいけない。がんばって友だちづくりをしよう」「できるだけ地域の活動に参加しよう」「配偶者に愛想をつかされないように」など、かなり難しい努力目標を掲げています。

たしかに、この通りにすれば、現役時代とはまた違った人間関係やライフスタイルが構築できるかもしれません。しかし、のべつまくなしにがんばっていると、心も体も疲れ果ててしまいます。

そもそも、近年リタイアした人たちは「団塊《だんかい》の世代」といわれ、学校でも就職でも会社でも厳しい競争にさらされてきました。そのため、常に「がんばれ！」

という言葉が身近にありました。

学生時代には「がんばって１００点を取れ」、運動会では「がんばって1等になれ」、就職してからは「死ぬ気でがんばれ！」と真顔で言う上司もいたはずです。

なんとか定年まで勤めあげ、これからようやく自由な生活が手に入るのです。そろそろ、「がんばる」はやめて、「ちょこっとずぼら」に楽しく生きてもいいのではないかと私は思っています。

たいていのことは、ちょこっと力を抜いた姿勢で挑んだほうがうまくいくもの。毎日、無理なく過ごしていれば、ストレスはいまの半分、いや、半分以下になって、それが心身によい影響を及ぼしてくれるはずです。

だからこそ、ある年齢以後は、がんばるのをやめていいのです。

ただし、前向きな態度でいることは忘れてはなりません。この微妙な立ち位置が「ちょこっとずぼら」というわけで、これはシニアたちにとって必要となる「孤独力」を身につけるためにも大切な考え方です。

たとえば、あまり考えたくないことでしょうが、長年連れ添った配偶者を失うこともあるでしょう。こんな悲しいことが起きても、働いているあいだは悲しみや孤独感を仕事で紛らわせますが、定年の日は誰にでも必ず訪れます。

その日が近づくにつれて、「これからは一人きりで生きていかなければならない。それを考えると心細いやらさびしいやら」という気持ちが募《つの》っていきます。すでに独りで定年を迎えた人は、「お先真っ暗」な状況にあるかもしれません。

配偶者が元気な人だって、油断は禁物です。

「夫婦で一緒に老後の時間を楽しみたい」と考えているのは夫だけ。妻のほうは自分の世界（趣味や友人関係）を大切にしたいと考えていて、「やたらまとわりつかれたくない」という気持ちが強いかもしれません。さらに、最近は熟年離婚が急増していることもご存じの通りです。

これに加えて、定年後の人たちの気持ちを落ち込ませるのが、**アイデンティティの喪失**です。現役時代には「○○会社の△△です」と胸を張って自己紹介できた人も、定年後は「ただの人」ですから、「自分は誰からも尊敬されなくなってしまった」と、長年培《つちか》ってきたアイデンティティを喪失して落胆してしまうのです。

お金の心配もあるでしょう。退職金は減る一方ですし、年金も予定通り受給できるかどうかわからない時代ですから、定年後の生活に不安を感じている人は多いはずです。

嫌なことばかりを取り上げてしまいましたが、残念ながら、これが現実なのです。でも、**「ちょこっとずぼら」に考えるようにしていけば、定年と同時に襲ってくるこうした「つらいこと」に負けない孤独力を身につけることができます。**

たとえば配偶者と死別したとしても、ネガティブなことばかり思い浮かべるのではなく、「一人で自由に使える時間があるのは素晴らしい」と考えてみてください。

「そうは考えられない」と言う人がほとんどでしょうが、いくらクヨクヨしても亡くなった人は戻ってこないのですから、「ちょこっとずぼら」になって、楽しい面だけを考えればいいのです。

パートナーに相手にされない、煙《けむ》たがられるというときも、「孤独の自由」というプラス面に注目して楽しい気分でいればいいと思います。

たとえば「私は日本酒が大好きだけれど、妻は興味がない」など、好みに相違があるカップルは珍しくありません。奥さんに煙たがられているなら、一人で飲みに行けるではありませんか。そして、飲み友だちをつくったり、蔵元めぐりをするなど、大いに楽しめばいいわけです。

これが、自分の世界を大切にしている相手に対する「ちょこっとずぼら」な対応法で、これを身につけておけば孤独感に苛《さいな》まれたり、さびしさを感じることなどなくなるはずです。

意外かもしれませんが、食事でも「孤独」は楽しいものです。

「ステーキが食べたい」と思っても、奥さんに「胃がもたれるからイヤ」と言われるので我慢していたという男性は少なくないでしょう。栄養の偏りや暴飲暴食には注意が必要ですが、一人なら、どこでなにを食べようと基本的に自由ですから、「モノは考えよう」ではないでしょうか。

アイデンティティの喪失や、誰からも尊敬されなくなってしまったという悩みも、もう少し「ちょこっとずぼら」に考えましょう。

職なし肩書きなしになったのなら、孤独力を前面に出して、「○○町に住んでいる△△です」とシンプルに名乗ればいいだけのこと。

「定年前には○○社で部長をしていました」などと過去を引きずるよりも、ずっと潔《いさぎよ》くて好感度も上がるでしょう。

劇作家の故・寺山修司さんは、「ふりむくな　ふりむくな　後ろには夢がない」という名言を残していますが、その通りだと思います。

お金の心配は、たしかに深刻ですね。でも、いくら深刻でも「ない袖《そで》は振れない」のです。あまり悲観的にならず、「いまあるぶんでつましく生きる」と考え方を切り替えたほうがいいでしょう。

この際にも欠かせないのが孤独力です。**現役を卒業したら、つきあいを極力減らしていきましょう。**それによって冠婚葬祭だけではなく、さまざまなお誘いからも遠ざかることができ、無駄な出費をかなり削れるようになります。

「孤独」や「ずぼら」という言葉には悪いイメージがつきまといますが、老後の不安を解消するためには、このような考え方もうまく取り入れる必要があります。

本書では、その方法を具体的に紹介していきますので、ぜひ参考にしていただきたいと思います。

保坂 隆

精神科医が教える
60歳からの人生を楽しむ孤独力
もくじ

第3章 ひとりで楽しめる人になる

要らない人間関係を整理しよう

第4章 無理をしない友人づくり

つきあう相手を選びなさい

第5章 言葉を磨くと豊かになれる

嫌われ者になってはいけない

第6章 そのしぐさ・態度が老化のサイン

こんなクセ、ついていませんか？

第7章　いつも上機嫌でいられる

不機嫌に歯止めをかけよう

第8章 孤独を楽しんで生きてみる

世間の目なんて気にしない

第1章 プライドと折り合いをつける

気持ちの
切り替え上手に
なろう

「現役時代の肩書き」に頼らない人は格好いい

ある人から、こんな話を聞きました。

「ボランティアで地域活動をしています。私が住んでいる地域でも定年退職した人が急に増えはじめたので、数年前からシニアの交流会を催《もよお》すことにしました。『積極的に友だちをつくりましょう』とすすめているわけではなく、『ご近所にこんな方が住んでいるんですよ』と知ってもらえればいいというくらいの集まりなのですが、それでも他人を引きつける人と敬遠されがちな人がいるとわかってきました。

好感を持たれるのは、やっぱり笑顔を絶やさない、腰が低い人ですね。逆に、敬遠される人は、自己紹介をするときに必ず職歴をつけて話す人です。たとえば、『私、○○と申します。つい最近まで△△社で××部長をしておりました』と言う人です。聞いたとたん、他の参加者に不愉快な表情が浮かぶのがわかるんです」

定年後も肩書きを忘れられない人がいます。このような人たちは、たいてい現役時代に高い役職に就いていたり、いわゆる一流企業に勤務していたことが多いようです。

つまり、「私はそんじょそこらの高齢者（あなたたち）とは違うんですよ。元はエリートだったので、一目置《いちもく》いてもらいたい」と考えているのです。

でも、**どんなにエリートだったとしても、退職してしまえば「ただの人」**ではありませんか。それなのに、過去の役職をひけらかすというのは、歳をとって異性に振り向かれなくなった人が、「昔はモテていたんだ」と言ったり、お腹がポッコリ出ている人が、「若い頃はスリムな体型で、モデルにスカウトされたこともあるんだ」と自慢するようなもの。

こんなことを聞かされても、「だから、なに？　それは過去の栄光でしょう」と笑いたくなりますね。これと同じことを自分もやっているのだと気づいてほしいと思います。

漬物の「たくあん」に名を残す沢庵宗彭《たくあんそうほう》という江戸時代初期の僧侶がいます。沢庵は、現在の心理カウンセラーともいえるような名助言者としても知られ、徳川家の指南役を務めた柳生但馬守宗矩《やぎゅうたじまのかみむねのり》に宛てた『不動智神妙録《ふどうちしんみょうろく》』という書物には、敵と戦うときにどのような心構えでいればよいかが記されています。

このなかに**「前後際断《ぜんごさいだん》」**とあります。これを現代風に訳すと、「過去の栄光を捨て、現在の栄光は未来に持っていくな。もしそのようなことをすれば、過去や現在に心がとらわれ、向上できない」という意味になります。元エリートの人たちにはかなり厳しい言葉であると同時に、痛いほどわかる言葉ではないでしょうか。

退職して役職や社会的地位を失ってしまうと、つい「昔は……」「こう見えても……」と口走りがちです。

しかし、それは過去の栄光に心がとらわれているということ。前進するためには、過去ではなく未来に目を向けなければいけません。

よく「モノは考えよう」と言いますが、「ただの人」になるのもけっこう気がラクなものです。誰からも過剰な期待をされませんし、課せられる義務も最小限ですみます。あとは孤独力を発揮して、自分の好きな通りにやるだけです。

ちっぽけな快楽ほど人間を小さくするものはない。

ジューベール

定年後に再就職ができる人、できない人

最近は晩婚化の影響もあり、60歳を過ぎても支払いが続く長期住宅ローンを組んでいたり、子どもにまだまだお金がかかるという人も多いため、定年年齢の延長はとてもありがたいといえるでしょう。

しかし、この定年延長で知っておいてほしいのが、現在の役職や給与を65歳まで維持できる可能性は少ないということです。60歳でひとまず退職という形をとり、その後に新たに雇用契約を結ぶという「再雇用制度」をとる企業が多いからです。

そして、この再雇用で多くの人を悩ませているのが、**後輩との地位の逆転**です。

「家電メーカーの営業で40年近く働いてきました。おかげで営業部長まで昇進できましたが、60歳になるとその職を解かれ、平社員として再雇用されました。給料が減るのはしかたないと納得できましたが、かつての上司として、それまで部下として『○○クン』と呼んでいたのを『○○さん』と改めなければならなかったり、トンチンカンな指示を出されるのには我慢がなりません」

同じような悩みというか不満を感じている再就職者は多いようで、「もう少し老後資金を増やしておきたい」「まだ子どもにお金がかかる」などの切実な問題を抱えていても、再就職後の立場の逆転に耐えきれず、2、3年で辞めてしまう人が多いそうです。

しかし、**「クン」や「さん」という呼び名にそれほど大きな意味があると思わなければいいい**と思うのです。

「クン」や「さん」は単なる記号で、たとえば田中さんが3人いた場合に、田中（広）、田中（吉）、田中（宗）と書いて識別するのと同じようなもの。たかが2文字に心を乱される必要はありません。

また、「トンチンカンな指示」だと思っても、いちいち気にしなければいいのです。このように**若い人の考え方を否定したがるのは、「相手の上に立ちたい」という気持ちがあるため**で、心理学者のアドラーはそれを「権力争い」と呼んでいます。

肩書きのレースはある年齢で終了したのですから、いまさら権力争いを繰り広げることはないと思います。もしその指示が本当に「トンチンカン」だとしたら、やがて経験豊富なあなたに助けを求めてくる

はずです。それまでは、思い通りにさせてあげればいいではありませんか。

こんなふうに、ちょこっとずぼらに、ゆるやかに考えていれば、後輩との地位が逆転してもうまく受け流せると思います。

人間はつねに、自分に理解できない事柄はなんでも否定したがるものである。

パスカル

「生涯現役」という気持ちを捨てるとラクになれる

内閣府が60歳以上を対象に、何歳ごろまで収入の伴う仕事を続けたいかを聞いた調査では、「働けるうちはいつまでも」と答えた約3割を含む約7割が就労を希望しているという結果になったそうです。

これは先進各国と比べてきわめて高い割合で、たとえばドイツでは6割少々、フランスにいたっては、4割強しか就労を希望していません。つまり、日本人は「生涯現役でいたい」という願望が相当に強いことがうかがえます。

たしかに、生涯現役を座右の銘にして、いつまでも第一線で活躍する生き方も悪くありません。しかし、実際にそれができるのは、会社の創業者や個人経営者、職人さんなどのように、自分の権限で仕事の場を確保できる一部の人に限られています。

大多数の人は、会社や周囲の人が「力を貸してほしい」「あなたと一緒に仕事をしたい」と望んでくれなければ、定年と同時に現役続行の可能性は断たれます。

生涯現役という気持ちが強い人ほど、自分の可能性が絶たれたとたんに、強い絶望感に苛《さいな》まれます。これもある種の喪失感であり、「老人性うつ」のきっかけにもなりますから、注意が必要です。

ちなみに、心理学的見地からすると、目標というのは「自分自身への期待」です。期待するのは悪いことではありませんが、それが大きくなるほど、当然ながら達成は難しくなりますし、不可能だとわかったときに感じる絶望や失望は大きくなります。

でも、**自分勝手な思い込みで絶望したり失望したりするのは、考えてみればおかしな話**だと思いませんか。

とくに、「若い者にはまだまだ負けない」という言葉を一度でも口にしたことがある人は要注意です。

いくら若々しいといっても、60歳代の脳や体で、30歳代、40歳代の現役と張り合うのは不可能です。それにもかかわらず、目標ばかり高く掲げていると、実力を発揮できる場がないとわかったり、思ったほど仕事が捗《はかど》らないというときに愕《がく》然《ぜん》とするでしょう。

残念ながら、歳をとるにつれて活躍の場が少しずつ減っていくのはやむを得ないこと。それを素直に受け入れて、がんばりすぎないのが、心穏やかに過ごす秘訣だと私は考えています。

数十年間、台風が来ても地震が来ても、満員電車に揺られて職場に通い続けてきたのではありませんか。それに、人間関係に悩まされることも多かったはずです。ようやくそうしたストレスフルな日々から解放されるのですから、無理をして生涯現役などという目標を掲げなくてもいいと考えるべきです。

幸福はたった一つの形のものだと思い決めたところから不幸がはじまる。

佐藤愛子

こんな「見栄っ張り」にだけはなってはいけない

こんな話を聞きました。

「税理士をやっています。といっても私は新参者《しんざんもの》なので、大きな会社の仕事はもらえず、もっぱら新規事業を立ちあげようとしているスタートアップの人たちの帳面を見ています。先日も、ある方に『起業したいので相談に乗ってほしい』という連絡をもらっていたのですが、会って驚きました。その方は、定年したばかりで、『名刺に付ける肩書きがなくてさびしいので、会社をつくって代表取締役ということにしたい。ついては、会社をつくるのと維持にいくらかかるだろうか』

と言うのです。つまり、お金儲けや世の中に役立つために起業するのではなく、100％自分の見栄のために会社をつくりたいわけです。私より年上でしたが、『そんな目的で起業すべきではありません！』と、少し声を荒らげてしまいました」

〝たかが〟名刺の肩書きのために起業するとは……。このように**見栄を捨てられないのは、公的自己意識が高すぎる**ことをあらわしています。

公的自己意識とは、「周囲からどう思われているのかを気にする」心理で、社会とのつながりが希薄になると、一般的には低下していきます。

しかし、なかには「現役時代のように尊敬されたい（一目置かれたい）」という気持ちが強く、逆に公的自己意識が高くなり、「なんとかして見栄を張りたい」と思う人もいます。

こうした気持ちが強くなりすぎると、嘘をついたり借金をしてまでも体裁を取り繕《つくろ》おうとするようになり、とても危険です。

「実は、○○さん（有名人）は私の知り合いなんだ」「昔から外車しか乗ったことがないので、いまもベンツを転がしてますよ」などと自慢話ばかりする人がいませんか。

これをすべて「嘘」と言い切ってしまうのは失礼かもしれませんが、なかには見栄を張りたくて嘘をついている人もいるかもしれません。

本人は「すごいと思われたい」「うらやましがられたい」「ほめられたい」と思って無理をしているのでしょうが、**聞かされるほうはただただ煙たいだけで、そんな人に近づこうとする人はいない**でしょう。いたとしても、損得勘定を考えている人だけだと思います。「他山《たざん》の石」と考えて、自重《じちょう》したいものです。

男には、不幸だけがあるんです。
いつも恐怖と、戦ってばかりいるのです。

太宰治

プライドの高さが「人生を不自由にしてしまう」

渡辺淳一の小説に『孤舟《こしゅう》』という作品があります。主人公は、大手広告代理店に勤務して役員まで上りつめたエリートでしたが、関連会社の社長として出向させられることを嫌って定年退職します。定年後はバラ色の第二の人生が待っていると思っていたのですが、妻にも子どもにも疎《うと》まれて孤独な日々を過ごすという、同年代の人なら身につまされるストーリーです。

そのなかに、主人公が退職後も「自分は大手企業の役員だった」というプライドが捨てきれず、つい偉そうな態度をとって周囲の反感を買ってしまう場面が出てきます。繰り返しになりますが、これと同じことをしてしまう人は想像以上に多いようです。もしかして、あなたも知らぬ間に……。

いままで培ってきた経験や技術を周囲に伝えるというのは、とてもよいことですが、**プライドをひけらかすのは百害あって一利なしで、**その悪影響は自分にも及んできます。

たとえば、地域のイベントやボランティア活動に誘われたときは、新しい人間関係構築のためにも積極的に参加するのがよい対応なのですが、プライドが捨てきれない人は、「彼らとは格が違う」とか、「なぜ私がタダ働きをしなければならないのか」などと考えて、場合によってはそれを口に出して、拒絶することが多いようです。

年齢を重ねると、人間関係がわずらわしく感じるようになるのは理解できても、こんな理由で誘いを拒絶するのは好ましくありません。一度差し出された手を振り払ってしまうと、次の誘いはなかなか訪れないでしょう。

「それでも生きていくのが孤独力」と勘違いしてはいけません。

いざというときに力になってくれる人がいないのは、孤独力が高いのではなく、単なる孤独な老人です。邪魔なプライドなど捨て、「来る者は拒まず」の精神で、誘われたイベントには出かけてほしいと思います。

どうしてもプライドが捨てられない人には、ちょっと荒療治ですが、プライドの正体を教えておきましょう。プライドの高い人は「プライド＝崇高《すうこう》なもの」と思い込んでいることが多いようですが、心理学的にみると、それは大間違い。プライドが高い人ほど、自分に自信がなく、不安を感じているのです。

一般的に、プライドの高い人は自慢話が好きで、「みんなに一目置かれたい」と思っていますが、これも自分に自信がないためにガードしようという反応です。よく「弱い犬ほどよく吠える」と言いますが、まさにこれと同じです。

「私はプライドが高いから……」とか「どうしてもプライドを捨てられない」と口にする人は、「私は自分に自信がないんです」「弱い人間なので不安です」と言っているようなもの。こんな意味だとわかったら、プライドなど簡単に捨てられるのではないでしょうか。

大きな声で吠えるのは、決まって臆病な犬である。
ジョン・ウェブスター

「必要とされていない」と落ち込まない方法

「仕事を離れたら、なにもせずのんびり暮らそう」と考えている人は多いでしょう。しかし、**「なにもしない」というのはけっこう難しく、1週間もすると時間を持て余します。**

朝から晩までテレビを見ていても、やがて飽きてしまうし、読書をしようと図書館へ行くと、自分と同じように、定年後に行く場所を失った人たちばかり目についていたたまれません。その結果、「なにか仕事がしたい」と思うようになる人が多いようです。

これは、人というのが無為《むい》に日々を過ごすよりも「なにかの役に立ちたい」「誰かに必要とされる人間でありたい」と望む生き物だからです。

幸い、最近は人手不足に悩む企業が多く、年配の人でも以前より再就職先が見つかりやすくなりました。ところが、こうして念願の仕事に就いたものの、仕事が長続きしない人が多くいると聞きます。


自分で「やりたい」と思って始めたのに、なぜ長続きしないのでしょうか。その理由は、「自分は必要とされていない」と思い込んでしまうからのようです。

たしかに、再就職したばかりの会社で重要な役職に就けることは、まずありません。それは当たり前なのに、「上場企業の部長まで務めた私が、なんでこんな仕事をしなければいけないのか」「こんな仕事は誰だってできる。私が必要とされているわけではない」などという気持ちが湧き上がってきてしまうのです。

しかし、そこまでネガティブに考える必要はないと思います。企業は、その人にどれだけの経験があるかを知って採用したわけです。つまり、経験も採用理由のひとつということ。だから、難しいトラブルが発生したり、これからどちらへ向かっていけばいいか悩んだときに、きっとその人を頼ってくるはずです。「能ある鷹《たか》は爪を隠す」と言うではありませんか。**普段は与えられた仕事を黙々と進め、「必要とされるとき」が来るのを静かに待つ**のが、知恵のある年長者の生き方ではないでしょうか。

このように「きっと必要とされるときが来る」という気持ちは一種の「希望」です。アメリカの心理学者バーバラ・フレドリクソン教授によると、「希望はとても強い感情で、われわれに恐怖や絶望に打ち勝つ力を与え、創造的に振る舞うことを可能にする」のです。

「きっと必要とされるときが来る」と考えていれば、再就職先に感じた不平や不満、社会からの疎外《そがい》感など簡単に払拭《ふっしょく》できるでしょう。

勝利はもっとも根気のある者にもたらされる。

ナポレオン

この「心構え」さえあれば、どこでも歓迎される

カルチャーセンターの講師やスポーツのインストラクターには男性が多いと思いませんか。これは、女性よりも男性が「なにかを教える」「誰かを指導する」ことに強い喜びを感じるからかもしれません。この心理を「指導欲求」と呼びます。

ゴルフを例にとると、初心者や自分より下手な後輩に対し、頼まれてもいないのにあれこれコーチをしたがる「自称ベテラン」がどこにでもいますね。このように、男性の心のなかには強い指導欲求が潜んでいます。

上司や先輩から「教えてあげる」などと言われた場合は、「相手のほうが立場（年齢）が上だから、しかたがない」と納得できますが、再就職や再雇用で、ある日突然やって来たオジサンに同じようなことを言われたら、周囲はどう思うでしょうか。おそらく、「偉そうに、上から目線で感じが悪い」と受けとられるはずです。

自分にどれだけ自信があっても、仕事の上手なやり方を知っていても、「上から目線」は絶対に避けなければなりません。

上から目線になりがちなシニアのなかには、「ほかの人にはない能力や役割が自分にはあるから、採用されたのだ」と思い込む人が多いようです。たしかにそんな理由もあったのかもしれません。

しかし、どんなに素晴らしい特許や技術でも10年、20年と経過するうちに古くなっていくもの。たとえば、世界最高の計算能力を誇ったスーパーコンピュータの「京《けい》」も、供用開始から7年も絶たずに役目を終えました。つまり自分が自慢に思っている能力や役割がいつまでも役立つとは限らないのです。

しかも、仕事は一人でやるわけではないので、慢心することは絶対に禁物《きんもつ》です。とくに年齢が高くなれば、細かいところで周囲の手を借りる場面が増えてくるでしょうから、「周囲の人が助けてくれるから仕事ができる」という気持ちを忘れてはいけないのです。

そして、先述の「指導欲求」を活用するのもおすすめです。**たとえ息子ほどの年齢の相手でも、自分から「教えてもらえますか」と言ってみるのです。**

また、相手の側としては、あなたの問題に深く関与すると、「自我関与」という心理も働きます。これは、相談をすればするほど好感を持つ心理なので、どんどん尋ねたほうが関係がよくなるということです。

ほとんどのシニアは、一兵卒《いっぺいそつ》から再スタートすることに強い抵抗感があるようですが、一兵卒には一兵卒にしか使えない「教えてもらいながら、新しい職場に歓迎される」という心理テクニックがあるのです。

前に紹介した沢庵和尚も、「修行を続けて不動智（何物にも動かされることのない智慧《ちえ》）を会得《えとく》するのは、再び初心に戻るのと似ている」と説いています。初心に戻ることこそ、シニアになっても世の中をうまく渡っていく「孤独力」なのかもしれません。

あなたが、ほかの人々に求める変化を
自分で行いなさい。

マハトマ・ガンジー

年下に指示されることなんて「とるに足りないこと」

ほとんどのシニアは、「上司が年上で部下は年下」という環境で仕事をしてきたはず。そのために、再就職や再雇用で年下の人に指示をされることに抵抗感があるのでしょう。なかには抵抗感では収まらず、「なんで息子ほどの年齢の若造の言うことを聞かなければならないのか」と怒りを感じる人もいるようです。

少し前に、6歳の男の子にタバコのポイ捨てを注意された70歳代の男が、激怒して男の子の首を絞めるという事件がありました。これも同じ思い込みが根底にある事件だと思います。

しかし、年上だろうが年下だろうが、正しい指示なら従うのが仕事です。新しい立場や給料が予想よりはるかに低くても、年下の人間に指示されても、それがいまの自分の評価なのですから、素直に受け入れるしかありません。

そもそも、不満や怒りを感じても、なにも得るものはなく、ストレスを増やすだけ。たとえ不満をぶつけて相手をやりこめたとしても、確実に人間関係は悪くなるでしょうから、「やめればよかった」「素直に聞いていればよかった」という思いが後からわいてきて、それがまたストレスを増やすことになります。

ですから、**相手が年下の場合こそ、「わかりました」「ありがとうございます」と、恭順《きょうじゅん》の姿勢を示したほうがいい**と思います。

年下に恭順するのは難しいかもしれません。しかし、それでもがんばってやってみると、「なんだ、大したことないじゃないか」と思えるものですし、あなたに対する相手の感情もよくなります。

「年少者よりも年長者のほうが偉い」という誤った思い込みを捨てるために効果的なのが、**SNSで同じ趣味の人とつながる**ことでしょう。

「会社で人事部長をしている55歳です。恥ずかしながら、某アイドルグループのファンなのですが、そんなことは会社では口が裂けても言えません。そこで、SNSで同じグループのファン同士でつながっているのですが、しばらく参加するうちに、ある男性と親しくなったんです。彼はこのグループのことに本当に詳しくて、私がまったく知らなかったことを教えてくれる。やがて、同じ東京都内に住んでいるとわかったので、『今度、お茶でもしながら話しませんか』と思いきってメッセージを送ってみたら、オーケーをもらえた。指定の時間に待ち合わせ場所のコーヒーショップへ行くと、その男性は高校生だったんです！　ちょっとびっくりしましたが、相手の知識が豊富なことは十分わかっていたので、いまも『師匠』と呼んで慕《した》ってます」

このように、趣味の集まりなら、上下関係どころか義理もしがらみもなく、年齢に関係のないつきあいができるはずです。
仕事に関係なくつきあえる友だちをつくるうえでもＳＮＳは有効な手段なので、ぜひ参加してみることをおすすめします。

人間が馴れることのできぬ環境というものはない。

トルストイ

第2章
余計なことを考えない

不安を遠ざけ、
心に
余裕をつくろう

お金がなくてもあせらない、あわてない

令和に入って間もなく、いわゆる「2000万円問題」が世の中を騒がせました。これは、年金だけでは毎月5万円ほど生活費が不足する。65歳の人がこの先30年生きるとしたら、2000万円近くの不足が出るため、あらかじめこの金額を蓄えておく必要がある、というものです。

野党やマスコミは、「年金だけで暮らせないとは何事だ!」と大騒ぎしていましたが、それはちょっと偽善すぎるような気がしました。なぜなら、年金だけで暮らせないことは、以前から多くの人の知るところだったからです。金融庁の報告書は改めてそれを指摘しただけなのですが、「2000万円不足」という数字だけが切り取られてひとり歩きしてしまったのです。

では、現実にこの額をキープできている人がどれくらいいるかというと……あ

まりいないようです。

たとえば、比較的裕福とされている60歳代の世帯でも、平均貯蓄額は1849万円とのこと。しかも、これはあくまでも平均値。極端に貯蓄額が多い世帯があるため底上げされています。

その証拠に、中央値（貯蓄額が少ない順に並べた際に中央になる値）を見ると、かろうじて1000万円。「比較的裕福」といわれる60歳代でさえこれですから、しばらく後に定年を迎える世帯は推して知るべしで、不安に感じている人も多いでしょう。

この不安を助長しているのが「下流老人」という言葉です。

「生活保護基準相当で暮らすシニアおよびその恐れがあるシニア」を指すそうで、**一人暮らしのシニアにかぎっていえば2人に1人強（女性の場合。男性は3人に1人強）が当てはまる**とされています。

このような下流老人にならないため、多くの人が預貯金を増やそうとしていますが、いくらがんばっても、あと5年、10年で2000万円を貯めるのは難しいのではないでしょうか。

もちろん、株式投資をしたり仕事を掛け持ちすれば可能かもしれませんが、それは金銭的にも肉体的にもハイリスク・ハイリターンな行為で、お金を失うばかりか健康まで損なう可能性があります。

だから私は、「ないものはない」と開き直ったほうがいいと思っています。無責任と言われるかもしれませんが、では、いくらあれば安心できるというのでしょうか。おそらく、いくらあっても安心できないはずです。なぜなら、**本当に得たいのはお金ではなく、「生活の安定」**だからです。これは心理学的にも証明されていることです。

それなら、お金を増やすのではなく、いまある手持ちのお金を温存し、それに見合った生活を送る方法をゲーム感覚で考えたほうが、ストレスになりません。

お金がお金を生んだ、かつてのバブル時代と現在では状況が違うことを理解し、

「起きて半畳、寝て一畳。天下取っても二合半」という言葉を口ずさんでいれば、「2000万円問題」や「下流老人」などという雑音にも惑わされずにすむのではないでしょうか。

危険への恐怖は、
危険そのものより、一万倍も恐ろしい。
ダニエル・デフォー

「もっと欲しい」と思うほど損をする

再雇用の場合には、定年以前よりも給与や賞与が減らされるのが一般的です。ここまではほとんどの人が頭のなかに織り込みずみだと思います。しかし、その減額の幅は、考えているよりもはるかに大きいのが現実です。

たとえば東京都の調査によると、**給与は5〜7割未満に、夏季一時金にいたってはゼロという企業が最も多い**という結果が出ているのです。

初めての給料日の振込額を見た途端、「こんな額では働く気にならない」と、バカバカしくなって、せっかく再雇用してもらった会社をあっさり辞めてしまう人も少なくないそうです。

Aさんはある銀行の融資担当者でした。中間管理職で定年を迎えましたが、会社では彼の知識や経験を高く買っていて、人事担当から再就職のオファーを受けました。

「自分でもお金を扱ってきましたから、お金はいくらあっても困るものではないということはよくわかっていました。老後はなおさらです。だから、会社のオファーに心が傾いたのは事実です。でも、条件を聞いてみると、待遇が格段に落ちることがわかった。『経験や知識を高く買っていると言いながら、たったそれだけしか出してくれないのか』と思いましたよ。そこで、『60歳を過ぎてまで、この会社にしがみつくつもりはありません』とカッコいいことを言って、再雇用のオファーを断ってしまいました。

実は……1回断っても、もう一度頼まれるだろうって思っていたんです。そうすれば、もう少し待遇もよくなるだろうって。でも、会社は冷たいものです。『そうですか、わかりました』と一言でおしまい。私が就くはずだったポジションもすぐ埋まってしまいました。

それから再就職先を探し始めたのですが、古巣ほどよい待遇を提示してくれるところはないとわかりました。いまさら言いたくありませんが、あの待遇でオファーを受けていればよかったと、後悔することしきりです」

Aさんの失敗を笑ってはいられません。再雇用の**オファーを受ける際には、きっと「待遇が悪い」と**

感じるはずだからです。なかには「ふざけるな！」と、一蹴《いっしゅう》してしまう人もいると思います。しかし、後悔したくなかったら、じっくり考えるほうがよいでしょう。

実は、悪い待遇と思ってオファーを断り後悔するのはよくあることで、「**プロスペクト理論**」という行動心理学で説明されます。

これは、同額の利益と損失があった場合、人の心には損失のほうが強く印象に残るという心理状態です。心のダメージを避けるためにも、慎重に考えてください。

> 起こったことを受け入れることが、
> 不幸な結果を克服する第一歩である。
>
> ウィリアム・ジェームズ

詐欺師は親切なフリをして近づいてくる

「人を見たら泥棒と思え」ということわざがあります。人を信じられないのは悲しいことですが、残念ながら詐欺師は年々増える一方ですから、心の片隅に常にこの言葉を置いておく必要があります。

シニアを騙《だま》す詐欺といえば、真っ先に思い浮かぶのが振り込め詐欺です。電話やFAX、メールなどを使い、不特定の人に金銭を振り込ませるのですが、**被害者に占めるシニアの割合は約8割以上**といいますから、決して他人事とはいえませんね。

振り込め詐欺で多いのが、息子や娘の名を騙《かた》って、**「交通事故を起こしてしまったので示談金が必要」「会社のお金を使い込んでしまったので用立ててほしい」**などと言ってくる手口です。

窮地《きゅうち》に追い込まれた我が子を救いたいという気持ちから騙されてしまうようですが、ちょっと待ってください。我が子といっても、もうけっこうな年齢のはずで、自立しているでしょう。それなら、「自分でなんとかしなさい」と言えばいいと思います。

ずいぶん冷たいことを言うものだ、と思うかもしれませんが、いくら我が子とはいえ、成人した人間の不始末の尻拭《しりぬぐ》いを親がする必要はないでしょう。そうはっきり応じられる心構えをしておくのが「孤独力」だと思います。

最近は、親切な言葉をかけてくる人にも注意が必要なようです。たとえば、半年前に定年退職をして再就職先を探していた男性も、そんな親切な人に騙されてしまった一人です。

「ハローワークの帰りに、身なりのしっかりした紳士に声をかけられました。その紳士は名刺を出しながら、『清掃会社の社長をやっているものです。いまからハローワークに幹部候補者の求人を出しに行こうと思っていたのですが、あなたを見てピンと来たんです』と話すのです。その後、喫茶店で詳細を聞いてみると、とても待遇がよいとわかりました。そこで、『できればお願いしたい』と言ったところ、『明日、面接をしますので、午後6時に○○駅前にいらしてください。実地テストをするので、スーツではなく動きやすい格好で来てください』と言われました。

言われた通り、運動用のジャージで集合場所へ行くと、私と同年齢の男性が20人ほどいました。やがてバスが到着して、ある空きビルに連れていかれ、そこの清掃をするように言われました。これもテストの一種かと思って指示されるまま一生懸命に清掃をすると、『結果は後で連絡します』と言われて、集合場所で解散。ところが、合否通知はいつまでたっても来ない。1週間ほどして名刺の電話番号に連絡してみたところ、つながらなかった。それでようやく騙されたとわかったんです」

なんとも巧妙な手口ですが、このように、再就職先を探してあせっているシニアの弱みにつけ込んだ詐欺が急増中で、ほかにも**「高収入が期待できる在宅ワークがあります」などと持ちかける詐欺師もいる**のです。

「高収入」という言葉に引きつけられて信用した結果、高い材料などを買わされるだけで、肝心の仕事にはまったくありつけないということもあるそうです。親切な人に引き寄せられる気持ちはわかりますが、孤独力を持って、「おいしい話」は、警戒したほうがいいでしょう。

我々の悪徳はすべて、独りでいることができないところから生じる。

ラ・ブリュイエール

お金より「歩数を稼ぐ」仕事を見つける

ある男性の経験談です。

「まだ家のローンも残っていますし、あまりのんびりしていると体力も衰えてしまうと思ったので、再就職先を探し始めました。ところが、ハローワークで『経理の仕事に就くのが希望です』と話したら、職員に『60歳以上のホワイトカラーの求人はめったにありません。まして『経理』という狭いリクエストとなると、かなり難しいと思ってくださいね』と言われてしまいました。

探し始めてみると、たしかに少ない。たとえあっても、身分はアルバイトやパートで、賃金は新卒並みかそれ以下。40年にもわたる経験を買ってくれる職場がないことに愕然《がくぜん》としました」

「退職後も仕事を続けたい」と考えるのなら、希望する職種や待遇を限定しないほうがいいと思います。この男性のように「40年間の経験を活かしたい」ということばかりを優先していると、現実の厳しさに打ちのめされ、精神的ダメージを負ってしまうでしょう。

では、シニアはどんな仕事を探せばいいのでしょうか。医師の私がおすすめしたいのは、実は、「歩

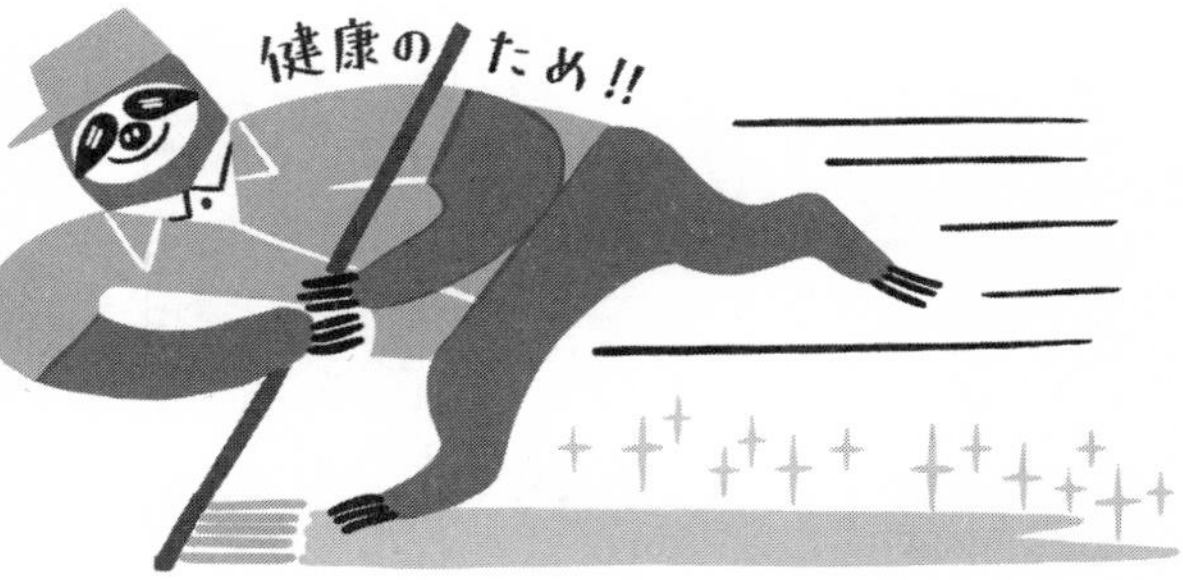

数が稼げる仕事」です。なぜなら、シニアにとっては、体力の維持がお金と同じくらい大切だからです。

厚生労働省は、**シニアは1日あたり男性は6700歩、女性は5900歩程度歩くべき**だと提案していますが、現状はそれほど歩いていません。ですから、この不足分を補える仕事をすれば、健康とお金を同時に手に入れられると思います。

実際、シニアに対する求人の職種は、1位は清掃員や警備員、ビルや駐車場の管理人など、歩数が稼げそうな仕事が多いようです。

あまり気が進まない職種だとしても、「健康のため」という目的があれば、不満を感じにくいでしょう。再就職先探しをするときには、ぜひ頭に入れておいてほしいものです。

仕事は高貴なる心の栄養なり。

セネカ

「人は人、自分は自分」と思って生きればいい

どんな人でも「幸せになりたい」という気持ちを持っています。

家族がそろって健康であれば幸せだと思う人もいますし、お金がたくさんあることが幸福だという人もいるでしょう。また、仕事で評価されることが最も幸せだと考える人もいます。

幸せの形は人それぞれですが、**幸せを感じやすい人に共通しているのは、「自己肯定感が高い」**ということです。

自己肯定感とは、自分が大切な存在であり、またかけがえのない存在であると思える心の状態、または、自分を肯定している感覚や感情などを指します。平たく言えば、あるがままの自分を受け入れられるかどうかが、自己肯定感を左右しているわけです。

人が自分自身を認識するときは、社会と自分、あるいは、第三者と自分に対する評価の開き具合を見ます。そしてその開き具合が小さければ小さいほど、自己肯定感が高くなる。つまり生きやすい、幸せを感じやすいのです。

もう少しわかりやすく説明しましょう。

たとえば、自分に対する評価は高いのに、周りからあまり評価されない人がいます。そういう人は、「自分はいつもバカにされている」「なんでもっと評価してくれないんだ」とイライラします。

反対に、本人の自己評価が低いのに、周りから高い評価を受けると、「かいかぶりだ」「そんなに期待しないでほしい」と苦しくなるのです。

つまり、**他人の目が自分に対してどう向けられているか（どう、向けられていると感じるか）で、その人の心の安寧《あんねい》、幸せな気持ちは左右される**わけです。

しかし、考えてみましょう。他人の評価などいい加減なものです。自分自身に置き換えて考えれば、それが理解できるでしょう。

ついこの前までは「あの人は駄目な人」と思っていても、ちょっとしたことで、「案外いい人じゃない」と評価は180度、簡単に変わってしまいます。他人の評価なんてアテにはならないのです。

また、他人がいくら、ああしたほうがいい、こうすべきだと思ったところで、他人は自分の人生の責任を取ってくれるわけではありません。

人によって評価も一定ではない。それぞれに考え方やアドバイスも違いますから、いちいち聞いていたらキリがありません。

要するに、「自分は自分、他人は他人だ」と割り切る気持ちが重要なのです。

幸せの価値観は他人が決めるわけではないし、第三者が判断するものでもありません。

「私はこれでいいんだ!」と思ったら、それが自己肯定感であり、幸せを感じることにつながっていきます。

幸せは、探し回ってつかみ取らなくても、誰の心のなかにも必ず存在します。

若い頃は、人と競《せ》り合って優劣をつけたがるものですが、50歳を超え、人生の実りの秋を迎えたのなら、あらためて自分と向き合い、自らを肯定し、自分のなかから幸せを見つけ出す努力をしたいものです。

他人と比較してものを考える習慣は、致命的な習慣である。

バートランド・ラッセル

悩みのほとんどは思い込みにすぎない

子どもや孫と同居しているシニアは幸せで、一人暮らしのシニアはさびしい……。これが一般的なイメージかもしれません。

たしかに、子ども夫婦と同居していればなにかあったときにも安心ですし、小さな孫がいれば、それだけでにぎやかになりますから、一人暮らしのシニアからみれば「うらやましさ」を感じるかもしれません。

しかし、子どもや孫と同居しているシニアがすべて幸せかといえば、それも違います。そもそもお嫁さん、お婿さんとうまくいかないケースも多いようです。
「嫁姑問題」「嫁舅問題」という言葉がごく普通に使われているのですから、それだけうまくいっていない家庭が多いということでしょう。

また、「生活リズム」の違いに苦しめられているシニアもたくさんいます。子ども夫婦や孫たちは、朝起きるとあわただしく仕事や学校に出かけていき、帰宅するのは早くて夕方。会社員の息子など、下手をすれば終電です。当然、夕食を一緒にすることもなく、子ども夫婦や孫と同居していながら一人さびしく箸を運ぶシニアも多いのです。

「孤独は山になく、街にある」という三木清の言葉

の通り、たとえたくさんの人と一緒に暮らしていても、その人たちと交流がなければ一人暮らしをしているよりも、より孤独やさびしさを感じるものです。

このように、物事には必ずよい面と悪い面が存在しますから、よい面だけを見て「うらやましい」と感じる必要はないと思います。子どもや孫と同居しているシニアは、おそらく、自由気ままに暮らせる一人暮らしのシニアをうらやましく感じているはずです。

他人が持っているものや環境は、自分のそれよりもよく見えるものではありませんか。このように感じるのは、**対象物が遠くにあると欠点が見えにくいため、実際の価値よりも高く見える**という心理によるものです。

そのよい例が、富士山でしょう。一度でも富士山に登ってみたことがある人ならおわかりでしょうが、足元には茶色い土とがれきしか見当たらず、お世辞にも「美しい」とは言えません。ところが、遠くで見ると絵画のように美しい「日本一の山」というわけです。

他人の生活や環境がうらやましく見えるのもこれと同じ。「うらやましい」と思う気持ちは「勘違い」と切り捨ててしまうことが大切です。

呑気と見える人々も、心の底を叩いて見ると、どこか悲しい音がする。

夏目漱石

定期的に贅沢を楽しむ機会をつくる

「このところ、ずっと気持ちが暗くなっている。なんとか切り替えたいが、なかなかいい方法が見つからなくて……」。ストレスがたまっていると感じたとき、気持ちを切り替えなければいけないと思うものの、どうすればいいかわからないことがあります。結局、なにもしないまま時間が過ぎてしまい、気がつけば、ストレスはより重くなって、出口が閉ざされているとしか思えない状態に……。

そこまでいかないうちに手立てを講ずるべきですが、日々の生活を送りながら切り替えるきっかけをつかむのは簡単ではありません。日常生活は、なじんだ時間の経過で、ついつい流されてしまうためです。

きっかけをつかむ方策としては、「贅沢《ぜいたく》な一人の時間」がひとつのキーワードになるでしょう。**ふだんはしないような、とびきりの贅沢。その非日常の世界が、気持ちを切り替えるきっかけになります。**

たとえば、週末にリゾートホテルの一室を予約し、一人で好きなことをして時間を過ごす。サービスが行き届いたホテルともなれば、スタッフの言葉遣いや立ち居振る舞いも利用者を心地よくするために考え抜かれています。贅沢を実感するのにこれほどふさわしい空間はありませんね。

食事にしても、ふだんなら口にできない料理を味わい、食後はバーのカウンターでくつろぐ。運動不足を感じていれば、ホテル内のジムで体を動かすのもいいでしょう。エステでリラックスするのもけっこうです。

出費はありますが、贅沢を満喫《まんきつ》することで、金額以上の満足感を得られるに違いありません。「自分へのごほうび」として、贅沢な時間を過ごしてみましょう。

とくに女性の場合、「女性向けの非日常を楽しむプラン」を展開しているホテルもあり、リーズナブルにして贅沢な時間を味わえます。

日常生活から離れて贅沢な時間を過ごしていると、自分を取り巻く人間関係や環境についての見方が、それまでと違ってくるものです。気持ちを停滞させているものの多くが、思ったほどたいしたことではないとわかってきたり、とるに足らないものだと思えたり。

「最近、親友からの連絡が少なくなった。なにか気に障《さわ》ることがあったのだろうか」とか、「子どもの言葉が冷たく感じる。親をバカにして!」などと感じていることが、「小さな心配」に思えるかもしれません。

ちょっとした贅沢が、孤独力をつけるために大きな効果をもたらしてくれるのです。

若い生活をしている者は若い。
老いた生活をしている者は老いている。

井上靖

第3章 ひとりで楽しめる人になる

要らない人間関係を整理しよう

「知り合いを減らす」と決めてみる

あなたは、何人くらいの連絡先を登録しているでしょうか。ある調査によると、スマートフォンのユーザーの7割以上が50件以上登録していることがわかったそうです。

最近はこれに加え、LINEの「友達」登録もあるかもしれませんが、マイナビの調査によると、こちらはさほど多くなく、40歳代以上で最も多かったのは「5人未満」という答えでした。

なかには30~40人未満、50~60人未満という人もいて驚かされるのですが、この人たちは「仕事の関係者が多い」とのこと。つまり、業務連絡用にLINEを利用することが多いのですね。

定年が現実味を帯びてきたら、アドレス帳やLINEの連絡先も減らしていくことをおすすめします。

もちろん、業務関係用の連絡先は定年まで残しておいていいでしょうが、なかには「だいぶ前に仕事で知り合っただけ」「連絡をとる可能性がない」という人もいるはずです。そんな人の連絡先は削除してしまいましょう。

仕事が縁で知り合ったが、個人的にも親しくしているという人の連絡先は〝とりあえず〟残しておきます。ただし、**翌年に年賀状が届かなかったら削除していい**でしょう。

ずいぶん大胆なと驚かれたかもしれませんが、これは定年後のショックを減らすための荒療治です。

定年間近の大手都市銀行支店長の男性に、同じようなアドバイスをしたことがあります。当時、彼は「冗談じゃない！　みんな私のことを慕《した》ってくれているから、定年しようがしまいが関係は変わらないですよ」と反発していました。

ところが実際に定年を迎えると、あれほどあったゴルフの誘いや飲み会の知らせも来なくなりました。「世の中には薄情な連中もいるものだ」くらいに思っていたそうですが、これはまだ序の口だったのです。

正月を迎えてポストを開けてみたら、年賀状が70通ほどしか来ていない。現役時代には300通ありましたから、4分の1以下でした。「個人的にも親しい関係だ」と思っていた人も、実際には仕事上のつきあいだけだったと思い知らされたとのことでした。

私がきついアドバイスをしていたので、ショックは少なくてすんだそうですが、なにも知らずに正月を迎えていたら、「自分はみんなから忘れられた人間で、かなり落ち込んだと思う」と話していました。

これは誰にでも起きうることです。しかも、仕事を離れて喪失感を覚えているシニアの場合、ゴルフの誘いが来なくなった、年賀状が激減したという些細《ささい》なことでも、さらなる喪失感となり、老人性うつのきっかけになったりします。

もちろん、定年後も変わらずに連絡をくれたり、年賀状をくれる人もいるはずです。このような人たちとの縁は、逆にいままでより大切にしましょう。

こうして**「本当に交流のある人」だけをアドレス帳に残しておけば、自分に万が一のことがあったときにも、誰に訃報《ふほう》を伝える必要があるのかが一目瞭然《いちもくりょうぜん》の**ため、残された家族はずいぶん助かるはずです。

人は必ず死ぬものです。元気に長生きする努力は大切ですが、いつかは必ず来る「その日」を意識し、周囲に迷惑をかけないように考えておくことも孤独力だと思います。

不決断こそ最大の害悪。
デカルト

潔く無駄なものをそぎ落としていく

アドレス帳の整理と同じように、手持ちの名刺も大胆に整理し始めることをおすすめします。

まず、必要な名刺かどうかの判断から始めましょう。

二度と会わないだろう、仕事の接点はないだろうと思った人の名刺は、迷わず廃棄します。

捨てるのに抵抗を感じるかもしれませんが、仕事の接点がなければ、連絡することも仕事でつながることもまずないはず。使えるとしたら、「私はこんなに顔が広かったんだぞ」「こんな偉い人と知り合いだったんだ」と自慢するときくらいでしょうか。

しかし、こんな自慢は、している本人はまったく気がつかないのですが「聞くに堪《た》えない」ものなのです。こんなことをしていると、誰にも相手にされないさびしい人になってしまうでしょうから、そうした名刺は不要です。

さらに、必要もない名刺を後生大事に持っていて、家族に恥をかかせてしまったという話さえあります。

「父が、急逝しました。突然のことで誰に連絡をすればいいのかわからず、途方に暮れました。あわてて書斎を探し回ったところ、現役時代の名刺入れが見つかったんです。そのなかに一流企業の幹部の方の名刺もあったので、訃報を伝えたところ、『どなたのことでしょう』『申し訳ありませんが、そのような方は存じません』という返事で、とてもばつが悪かった。生前の父を『ただの見栄っ張りじゃないか！』と腹が立ってきました」

複数の情報を見たり聞いたりした場合、最後の情報が印象的で記憶に残りやすいという心理があります。これを「終末効果」というのですが、それまで尊敬していた父親でも、最後の最後にこんなことが

あると、「恥をかかされた」「見栄っ張りな人だった」という印象や記憶が最も強く残ってしまうでしょう。これではまさに「死んでも死にきれない」ですね。

その次は、**5年以上連絡をとっていない人の名刺**の番です。なかには同級生や大学の後輩、仕事関係者でもあなたのことを慕ってくれる人もいるかもしれません。しかし、それも廃棄してはどうでしょうか。

よほどの専門職以外、ビジネスパーソンは3年から5年で配転されますし、最近は転職する人も増えていて、古い名刺の連絡先は役に立たないと思います。

> あなたのお仲間を見れば、
> あなたのお人柄がわかります。
>
> セルバンテス

行き場所は、どこにでもつくれる

寿命が延びた現在、60歳以降の時間は「人生のおまけ」とはいえなくなりました。日本人の平均寿命を考えると、仕事を辞めた後も20年以上の時間が残されているわけで、「第二の人生のスタート地点」といったほうがふさわしいでしょう。しかし、**同じ20年でも、若い頃の20年と60歳以後の20年では内容がまったく違います。**

若いころの20年は、仕事をバリバリこなしながら、恋愛もして、結婚して子どもをもうけてマイホームを手に入れるといった、充実したものだったはずです。それに対し、60歳からの20年は、会社や社会的地位を失ったという喪失感や、日々減っていく預貯金や衰える体力の不安と戦うという時間になりがちです。

とくに団塊の世代といわれる人たちは、人生のほとんどを仕事に捧げてきたため、打ち込める趣味もない、会社以外には行くところがないという人も多いようです。

その結果、図書館やパチンコ店、ゲームセンターなどにシニアが殺到するという現象が起きています。これが、いわゆる**「定年難民」**です。

40年近く（なかにはそれ以上）働いてきて、その先に待っていたのが「定年難民」ではあまりにも悲しすぎますし、図書館やパチンコ店、ゲームセンターなどで過ごすには、20年という時間はあまりにも長すぎます。

だから、できれば定年難民にならない工夫をしておく必要があると思うのです。

具体的には、会社以外の「行き場所」をつくっておくことをおすすめします。新たな趣味を始めてもいいですし、ボランティア活動に参加するのもいいと思います。人に使われるのが嫌だというなら、思い切って起業してみるのもいいでしょう。

ただし、**「みんながやっているから」とか、「手近にあるから」という消極的な理由や、周囲に流されて始めない**ことです。そんなきっかけでは長続きするはずがありません。ここで孤独力を発揮して、「これからの20年をどう使いたいのか」を自分自身で真剣に考えてほしいと思います。

なかには、「些細なミスで出世街道から外れてしまった」「上司とうまくいかず、実力を発揮できなかった」「本当は辞めたかったが、家族のために我慢して働いてきた」という不満を抱えながら現役時代を過ごしてきた人もいるでしょう。

こんな人はおそらく、「人生をやり直せるなら……」と思ったことがあるはずです。定年以降はそのチャンスですから、ぜひ第二の人生を成功させてほしいと思います。

実は、趣味やボランティア活動、起業などの「行き場所」があることは、シニアの心身にもよい影響を与えることがわかっています。

国立長寿医療研究センターの西田裕紀子《にしたゆきこ》博士が、60歳以上を対象に「家でごろ寝をして過ごしている人」と「趣味を持っている人」を比べたところ、後者は認知機能の維持に明らかな効果があるという検証結果が出ています。

「自分の行き場がある人は強い」ということでしょう。

みずから愉しむことのできない人々は、
しばしば他人を恨む。

イソップ

「ひとりでもやっていける」がすべての基本

私たちは職場、学校、地域など、なにかしらの集団に属して生きています。そして、その集団になじめるかなじめないかは、その人の幸福感に影響します。

お金があっても、頭が良くても、集団からつまはじきにされるような人は幸福感を得にくいでしょう。また、集団そのものを肯定的に受け入れられない人も、社会のなかでは生きづらいかもしれません。

しかし、それは、**常に集団に属して集団で行動しなくてはいけない、ということではありません。**

最も理想的なのは、集団を肯定的に受け止めながらも、一人で行動できる人。つまり、集団に順応しながらも、決して集団に依存しない生き方といえるでしょう。

残念ながら、人は歳をとると我が強くなります。考え方が固定化され、柔軟性がなくなるからです。

また、無意識のうちに人生経験が豊富であること＝偉い、と思い込んでしまい、自分が尊重されないと、不満やわずらわしさ、居心地の悪さを感じるようになります。

そのため、決まった集団に依存している人は、いろいろ我慢しなければならない場面が多くなります。思うままに振る舞えば、集団のなかで孤立してしまうからです。これではストレスがたまるばかりでしょう。

そこで、「歳をとったら、もう家族と一緒にいるだけでいい」「家族とだけいれば気を遣わなくてラク」と、居場所を家族に求める人もいますが、これも考えものです。

なぜなら、家族というのも小さな集団の一つです。家族であってもそれぞれに考え方や価値観は違うのですから、依存しすぎれば、他の集団と同じように居心地が悪くなり不満が募ります。

要するに、自分の思い通りになる集団というのはこの世に存在しないのです。それは、たとえ血がつながった家族であっても同じです。

では、人生を充実させ、素敵に生きている人の生き方はどうでしょう。

彼らは集団と「なじみ」ますが、決して「依存」はしません。一人で考えて行動し、自分の力で問題解決できる自立した大人なので、集団に頼る必要がないのです。

もし、そうした人になりたいと思ったら、一番の近道は、とにかく一人で行動してみることでしょう。慣れてしまえば、一人の心地よさがわかります。

そして、不思議なことに、「一人でも大丈夫」という感覚を身につけると、たとえ集団のなかでイヤなことがあっても寛容《かんよう》になれます。なぜなら、そこにしがみつく必要がなくなるからです。

人間は集団で生きる生き物であることを理解しながらも、一人で行動する自立力を持つ。自立した大人として集団に属する。

これは、年齢に関係なく求められる能力ですが、とくに、50代にさしかかった人は意識してほしいと思います。

君子の交わりは淡きこと水の如し。

荘子

「ツレがいるからさびしくない」は幻想

「行き場所なんて必要ない。妻と家でゆっくり過ごせばいいんだから。会社に行かなくなってもさびしさなんか感じませんよ」

こんなふうに考えている男性も多いようですが、もしかすると、それは勝手な思い込みかもしれません。

なぜなら「定年後のシニア生活情報」サイトによると、**団塊世代の妻の半数近くは、夫の定年を「憂うつ」と考えている**という調査結果もあるためです。

言うまでもなく、妻が「憂うつ」と考えているのは、夫が定年を迎えると一日じゅう家にいるようになるからです。こうした生活の変化によって妻の受けるストレスは、夫が考える以上に強く、「主人在宅ストレス症候群」という心の病気を発症する人も少なくないのです。

夫にしてみれば、いままで懸命に働いて生活費や住宅ローン、子どもの教育費などを稼いできたというのに、定年したとたんにストレスの元凶扱いされるなんて納得がいかないと思います。

しかし、「納得がいかない」というのも勝手な思い込みで、夫の側に問題があることが多いようです。もし、現状のままでいいと思っているなら、「つれあいがいるから定年後もさびしくない」などと考えないほうが身のためです。

このような気持ちのズレは、夫が妻の気持ちに気づかないために生じるとされています。

「好き」「嫌い」「こうしてほしい」「それはしてほしくない」などと具体的に言われなくても、身体にあらわれた微妙なしぐさや表情で、その人の気持ちを敏感に察知することを「符号解読能力」と呼びます。

よく、「女性は嘘を見抜くのがうまい」といいますが、この言葉通り、**女性は男性よりも「符号解読能力」が高い**とされています。逆にいえば、男性は女性よりも鈍感ということです。

それでも若い頃には「彼女はなにを考えているのだろう」「誕生日になにをあげると喜んでくれるだろうか」と、必死に考えていたのではないでしょうか。ところが、結婚して歳月が過ぎていくと、「釣った魚に餌《えさ》はやらない」などと横暴なことを言って、

奥さんの気持ちなど考えなくなってしまう男性も多いようです。

私の知人の心理カウンセラーも、「孤独感を強く訴えるのは、一人暮らしをしているシニアよりも、夫婦二人で暮らしているシニアのほうが多い。これは、夫婦でいながら心が通わず、背を向けて暮らしていることが、一人暮らしの孤独よりもストレスになることをあらわしている」と指摘しています。

では、このような悲劇を迎えないためには、どうすればいいのでしょうか。

大切なのは、いままで以上に配偶者を思いやることと、夫も孤独力を発揮して自立すること。

団塊の世代の男性は「台所へ入ったり、妻の服を洗うなんて、男の沽券《こけん》にかかわる」などと言いがちですが、そんな古くさい考えはキッパリ捨てて、分担して家事をやりましょう。

また、**妻にまとわりつかない努力**も大切です。もちろん、ときどき一緒に買い物に出かけたり、映画や旅行へ行くのは好ましいのですが、妻が友だちと会うときにもついていこうとする夫が多いそうで、これは明らかにやりすぎです。そのためにも、一人でも時間を持て余さない趣味などを持ち、孤独力をしっかりつけておく必要があります。

たとえ長年連れ添ってきた夫婦とはいえ、お互いのプライベートを尊重しなければ、他人よりも冷たい関係になってしまうでしょう。

> 愛とは互いを見つめ合うことではない。
> ともに同じ方向を見つめることだ。
>
> サン=テグジュペリ

夫婦水入らずの旅行は「いい迷惑」

「妻を旅行につれていってやりたい」

「定年後は夫婦水入らずで旅行を」

男性の多くは、定年が近くなるとそんなふうに考えます。それは、仕事から解放されてやっと自分の時間を得られたこと、また、これまで家庭のことを妻に任せきりにしてきた男性ならではの罪滅ぼしというか、優しさといえるでしょう。

しかし、女性側に話を聞いてみると、

「旅行に行くなら、子どもたちと一緒に」

「気の合う友だちと行きたい」

「せっかくなら一人旅も経験してみたい」

という答えが返ってきます。

残念ながら、「夫と2人で旅行に行きたい」という方はとても少ないようです。


この温度差はどうして生まれるのでしょう。

男性の多くは現役時代、仕事が生活の中心です。一家の大黒柱として妻子を養い、家計を支えるためには当然といえます。

その結果、どうしても家庭は二の次になってしまいます。たとえば、妻からなにか相談されても、「疲れているから後で」「それは君に任せるから」と、きちんと向き合わない、向き合う余裕がなかったのではないでしょうか。

そうした積み重ねのなかで、妻は夫に対して精神的な支えを期待しなくなります。仕事仲間や友だちに、精神的なつながりを求め、夫には金銭的な支えだけを期待するようになります。俗にいう、「亭主元気で留守がいい」でしょう。

ですから、定年を迎えて余裕ができたからといって、「さあ、これからは2人の時間を楽しもう」と言われても、妻としては、「いまさらなにを言ってるの?」というわけです。

こんな悲劇的なエピソードを聞いたことがあります。

現役時代、仕事を家にも持ち帰るようなワーカホリックの男性が、定年退職を記念して、夫婦でのヨーロッパ旅行を考えました。ヨーロッパは仕事で活躍したフィールドなので、案内役として不足はありません。妻の喜ぶ顔を見たくて、旅行の企画はサプライズ。定年退職の日まで伏《ふ》せておきました。

そして定年退職の当日、満を持《じ》して旅行プランを打ち明けると、妻は予想外の反応をしました。

「私、ヨーロッパなんて行きたくない。行きたければあなたお一人でどうぞ」と言われてしまったではありませんか。

「こんなステキなプレゼントをありがとう」と涙ぐむ妻を想像していた男性。その夢はもろくも崩れ去ったのです。

定年後、妻との旅行を楽しみたいと思うのなら、その前から2人の関係性を良くしておく必要があります。

「暇になったから、さあ一緒に」と、男性側の都合だけを押しつけられても、妻は困惑するばかりです。

妻の気持ちをよく聞き、2人で行くのならどこがいいのか。どんなプランがいいのか。それを話し合うことから始めましょう。

最近ではホテルはシングルを2部屋、行った先でも、オプショナルツアーは別々という夫婦もいるそうです。

夫婦といっても見たいものや体験したいことは異なって当然です。夫婦水入らずの旅をしたいのなら、四六時中べったりではなく、ほどよい距離感で、ときに別々で楽しむという考え方も頭に置いてほしいのです。

人生においてよいものはそれのみである。
愛せよ。

ジョルジュ・サンド

定年夫婦が絶対やるべきこと

子どもが小さいころは、夫婦の会話というのはどの家庭でも盛んです。

「今日はこんなことがあった」「あの子がこんなことをできるようになった」「学校では〇〇らしい」といった日常的な会話から、子どもの進路や将来設計、それにまつわるお金の相談など、共通の話題があるからです。

しかし、子どもが高校を卒業し、大学進学や就職すると会話がガクンと減り、子どもが巣立って夫婦二人になると、ほぼ無言。食事中、テレビの音がなければ静まりかえってしまう家庭も珍しくないといいます。

20代後半から30代で子どもを持った親世代は、定年と子どもの巣立ちが同時期になることも多く、夫婦が一緒にいる時間は長くなったのに、会話は減るいっぽうで、なんとなく重苦しい空気が家中に漂っている。それでは、夫婦関係がギクシャクするばかりでしょう。

「夫はいつも不機嫌そうにむっつり黙《だま》っている」

「妻は友だちとはしゃべるくせに、俺には話しかけてこない」

そんな不満がつもりつもって、熟年離婚に発展するケースもあるのです。

こんなとき、どうすべきなのでしょうか。私は考え方を少しだけ変えてみることをおすすめします。

夫婦というのは、そもそも他人です。子育てやマイホームの購入など、人生の共同作業が進行中のときには会話がはずんでも、それが過ぎれば同じテンションで会話をしなくなってもいいと思うのです。

本当の意味で、良い夫婦というのは、妻が夫に、夫が妻に寄りかかったり依存

する関係ではなく、一人ひとりが個人として自立した状態にあります。

結婚前は、互いに自立していたわけですから、その状態に戻っていく。そんなイメージを持てばいいのではないでしょうか。

たとえ会話がなくても相手を思いやり、尊重する気持ちがあれば十分です。「必要なときには話せる相手がいる」。それはとても幸せなことだと再確認し、相手に多くを求めすぎない……それが、夫婦長続きの秘訣といえるでしょう。

女と協力しなければ、
男はけっして愉快になれません。

アリストファネス

子どもが親の面倒をみなくたっていい

一昔前まで、子どもが親の面倒をみるのは当たり前でした。また、女性は嫁《とつ》いだ家の両親、つまり、義理の父や母の面倒をみるのが当然で、長男の嫁に至っては、そのために結婚するといっても過言ではなかったのです。

長男は、「親の面倒は全部俺がみる」と断言しながらも、実際はすべてを奥さんに丸投げ。それなのに、いざ義父母が亡くなったときの財産分与では、一番介護をしてきた嫁が外されてしまう……。そんな、はらわたの煮えくりかえるような思いをした長男の嫁のエピソードもよく耳にしたものです。

しかし、最近では親との同居は激減し、**「嫁だから義父母の面倒をみるべき」というのは、すでに古い考え方**になっています。

また、親の面倒は実子がみるという考えが主流になりつつあるので、「子どもには、男の子より世話をしてくれる女の子のほうがいい」という考え方も親世代に広がっているそうです。

だからこそ、これからはもう一歩進んで、「子どもが親の面倒をみるのは当たり前ではない」と、親も子も考える時期に入っていると思います。

昨今、問題になっているのが介護離職です。親の介護のために子どもが仕事を辞めてしまうことですが、介護しているあいだは、親の財産や年金で暮らせても、親が亡くなったあと、社会復帰ができない人が少なくないといいます。子どもは「親への恩返しの気持ちで」と言い、親は親で、「やはり肉親に世話をしてほしい」という気持ちがあるのでしょう。お互いの気持ちは尊いと思いますが、それで共倒れになってしまったら元も子もありません。

60代は、介護する側であり、介護される側にもなる年齢です。だからこそ、日ごろから介護に対するスタンスをしっかり持っておかなければなりません。

親子の愛情は、介護だけに集約されるものではありません。

介護の部分は行政の力やプロの手を借りても、そのほかで子どもにできることはいくらでもあるのです。

「子どもが親の面倒をみなかったら、親は孤独になる」などと思う必要はありません。時代が変われば、親子のかかわり方も当然変わってくるものですから。

この世で変わらないのは、
変わるということだけだ。

ジョナサン・スウィフト

これからは「狭く深い」つながりをもつ

自分では「個人的に親しくしている」と思っていても、連絡がプッツリ途絶えてしまう人はたくさんいます。

もしかすると、**「利用価値がなくなったので、相手から連絡を絶たれた」といったほうが正確**かもしれません。

このような〝仕打ち〟を受けたシニアがはじめて気づくのが、交際範囲の広さです。団塊世代の男性は、口に出さなくても「女性の仕事は家を守ること」と考える人が多いようですが、それはシニア女性の就業率が男性の半分以下であることからもうかがい知れます。

ちょっと時代遅れな考え方ですが、皮肉なことに、実はこれがシニア女性の交際範囲を広くする結果になっているのです。

つまり、女性は男性のように仕事だけに生きてきたわけではなく、地域のコミュニティーや趣味のサークルで活躍し、自分だけの友だちをたくさんつくることができたわけです。

一方、多くの男性は仕事関係の人としかつきあってこなかったため、定年と同時に多くの友だちを失うようになります。

「金融関係の営業を40年近く続け、3年前に定年しました。営業という仕事がら、ずいぶんたくさんの人と知り合いました。つい先日、その一人と繁華街で偶然出くわしたので挨拶《あいさつ》したのです。ところが、『さて、どなたでしたっけ』と首をかしげられ、恥ずかしいやらガッカリするやら」

こんなことも、当たり前のように起きるでしょう。

これも喪失体験や社会的承認欲求の喪失につながり、シニア男性の心を傷つけます。たとえ〝友だち〟を見かけても、相手から声をかけてこないかぎりスルーしたほうがいいかもしれません。

たしかに、交際範囲が広いのはよいことです。飲み友だち、旅行友だち、趣味の友だちなど、さまざまな分野の人とつきあえば、生活にも広がりが出ます。だからといって無理に交際にこだわる必要はないでしょう。必要がないというより、無理しないほうがいいと思います。

「現役時代にはたくさんの後輩や部下が慕ってくれたから、リタイアしても可能なはずだ」と思う人もいるでしょう。しかし、心理学者のアドラーは、「この世で強要できないものは2つある。それは、『愛』と『尊敬』だ」と語っています。

現役時代に後輩や部下が慕ってくれていたのは、その人を尊敬していたからではなく、権力に服従していただけ。定年退職して権力を失った人に服従してくれる人は、残念ながら、まずいません。となれば、尊敬や慕われることも難しいと考えたほうがいいでしょう。

現役時代の〝友だち〟と再びつながろうとしても拒絶されることが考えられます。無理をせず、狭くても残されている交際範囲を大切にしたほうが、精神衛生上もよいと思います。

「広く浅く」ではなく、現状の「狭く深い」交際範囲を大切にすること——。これもまた大いなる孤独力だと思うのです。

> 真の友を持てないのは、まったくみじめな孤独である。
>
> フランシス・ベーコン

「いいおつきあい」を育てていこう

異業種交流会という集まりがあります。文字通り、異なる業種や業態の人と接することができる会合です。大勢のビジネスパーソンが忙しい時間を割《さ》いて、こうした会合に参加するのは、社内では得られない新しい情報や新事業のヒントを掴《つか》もうとしたり、自分のブレーンになってくれそうな人とつながるためでしょう。つまり、多くは損得勘定を考えて参加しているわけです。

損得勘定を考えて人と接するのは、現役時代には当たり前のことでした。しかし、**その考えを定年後の人づきあいに持ち込むと、いざというときに力になってくれる人が誰もいない……ということになりかねません。**

「力になってくれる人を求めるのは、この本の題名にある『孤独力』と言えないのでは?」

こんな疑問を感じた人もいると思います。しかし、この本で話す「孤独力」とは、他人に頼りすぎず一人で人生を楽しめる人になる、という意味です。

高齢になれば、誰かに助けてもらわなければならない場面も出てくるでしょう。そんなときに力になってくれる人がいないと、「自分ではできないので、我慢して不自由な生活を送る」か、「無理に自分でやって怪我をする」ということにもなりかねません。やはり、いざというときに力になってくれる人がいるのは、孤独力をつけるうえでとても大切なことなのです。

しかし、これまで損得勘定抜きの人間関係を重視してこなかった人もいます。とくに、現役時代を順風満帆《まんぱん》に過ごしてきた人ほど、この傾向が見られます。こういう人は、仕事を離れたとたんに孤立無援になってしまいます。

困ったときに助けてくれる人は一朝一夕《いっちょういっせき》に得られるものではありません。ですから、本当は現役時代から損得勘定抜きの人間関係を大切にしておかなければならなかったのですが、では、すでに仕事を離れた人の場合、どうすればいいのでしょうか。

まずは地元の自治会やカルチャーセンターなどに参加してみることです。ここまでは言い古されたテクニックかもしれませんが、ここからが重要です。何度も参加しているうちに、誰かが困っている素振りを見せたり、「困っている」と口にすることがあるはずです。そうしたら、率先して手を貸してあげるのです。

当然、相手は感謝するでしょうが、「いいえ、お気になさらずに」とは言わず、

「私が困ったときに助けてもらうこともあると思いますので」と言いましょう。

この会話にも損得勘定が含まれている気がしますが、関係が浅い人は「お気になさらず」というような代償を一切求めない行為（低義務条件）に強い心理的負担を感じる傾向があります。

そこで、「私が困ったときに助けてもらうこともあると思いますので」のように、同程度のことを求める同一義務条件を提示すると安心するのです。

こうするうちに、仕事や利害とまったく関係のない人間関係を築けるはずです。

とにかく、いざというときに力になってもらいたいと思ったら、まずは自分自身が損得抜きで相手を助ける必要があると覚えておいてください。

人生から友情を除かば、世界から太陽を除くにひとし。

キケロ

物足りないぐらいのつきあいがちょうどいい

最近、テレビや新聞で取り上げられている話題に「あおり運転」があります。前方を走行する自動車やオートバイに危険な嫌がらせをするもので、最も多いのは極端に車間距離を詰めて道を譲るように強要するケースです。

シニアはスピードをあまり出さずに運転することが多いため、この被害に遭《あ》う場合も多いようです。

しかし、こと人間関係となると、あおり運転とは逆に、シニアのほうが気がつかないうちに距離を詰めすぎて〝加害者〟になっているケースがよくあります。**とくに注意したいのが、シニアになってから友だちをつくろうとがんばっている人です。**

あちこちから「そのままでは孤独な年寄りになってしまいますよ」という情報が入ってくるので、いてもたってもいられなくなるのかもしれません。

しかし、がんばって友だちづくりをしようとすればするほど、人は遠ざかっていきます。

「私が友だちになりたいと思っているのだから、相手も同じ気持ちであるに決まっている。だから、うまくいくに違いない」と、勝手に考えがちです。

このように、**自分自身を分析して、自分の行動の結果を予想する考え方を「自己スキーマ」**と呼びます。

本来、自己スキーマは客観的に自分自身を分析して考えるものですが、歳を重ねるにつれ、自分に都合のいいように考えがちです。その結果、「うまくいくに違いない」と思い込んで、許可も受けずに相手の世界にズケズケと立ち入ってしまうのです。

でも……自分のまわりにこんな人がいたら、友だちになるどころか、挨拶だってしたくなくなると思いませんか。

友だちが欲しくても、あせりすぎないこと。そのために利用したいのが**「自己開示」**と**「相互開示」**という心理です。

自己開示とは、自分の情報を相手に公開することで、こうすれば相手にも同程度の情報を公開したくなる心理（相互開示）が生じます。

つまり、友だちになりたいと思う人がいたら、「ずいぶんと涼しくなりましたね」といった、たわいのない話から始めてみること。

もし、相手が応じてくれたら、次の段階――たとえば、自分の住む地域や年齢、家族構成などを話す段階に進んでいいのですが、相手の口が重いようなら、そこで留めておきます。そんな人とは、「挨拶 + ひとこと」が会話のマックスと考えてつきあえばいいでしょう。

苦しみをともにするのではなく、
楽しみをともにすることが友人をつくる。
ニーチェ

気前のいい人をやめる

『論語』の冒頭に「朋《とも》有り遠方より来たる、亦《ま》た楽しからずや」という有名な一節があります。いまさら解説するまでもないでしょうが、「親友が遠くから訪ねてきてくれるのは、たいへんうれしく楽しいものだ」という意味です。

現代風に考えると、親友はかなりの交通費を出して会いに来てくれたのだと思います。友情はお金では買えませんから、きっとあなたの立場であっても同じことをしたはずです。

しかし、親友どころか友だちでもなかったら、どうでしょう。おそらく、交通費を出してまで会いにいく必要はないと考えるはずです。

そもそも、定年後は退職金と年金、あるいは再就職で得る少ないお給料で暮らしていくわけですから、できるかぎり出費は避けたいと考えるのが当たり前です。

ところが、なかには現役時代の人間関係を引きずって、出さずにすむお金を出し続ける人がいます。退職した会社の後輩や部下本人、または子どもの結婚式に招かれると、無理をしてまで参加するシニアが少なくありません。

かなりの額のご祝儀を包まなければなりませんし、会場までの交通費もかかります。体型が変わっていれば礼服だって用意し直すでしょうし、女性の場合はさらにあれこれ必要でしょう。

でも、ちょっと待ってください。**相手が現在の生活に大きく関わる人なのかどうか。**もちろん、定年後の仕事を世話してくれたとか、相手がいまもよく連絡をくれるというなら、義理もあるでしょうが、

そうでなければ、無理して出席することはありません。

定年と同時に、このような人間関係はできるだけ清算しておかないと、出費がいつまでも続くようになります。

ときには、「そんなに冷たい人だとは思っていなかった」という声が、知人を通じて入ってくるかもしれません。でも、そんな言葉に動揺する必要などありません。

本当に自分を大切に考えてくれる人なら、「誰でも金銭的に厳しい状況に置かれるものだから、それを察して、招待しなければよかった」と思うのではないでしょうか。

葬儀や遠方の法事も同じです。田中角栄元首相は「死ぬのは人生で一度きり。だから、自分と関わりのあった人の葬式には必ず出席する」という主義だったそうです。義理堅いことで知られた田中氏らしい逸話《いつわ》ですが、それはお金に余裕があったからこそできたこと。何度も言うようですが、限られたお金で老後を過ごす身分では、そのような使い方はできません。

亡くなってしまった人と、これからも生き続ける自分——どちらが大切かといえば、やはり自分でしょう。このようなジレンマを感じないためにも、人間関係をしっかり清算しておくようにしたいものです。


賢明に世渡りせよ。

だが、世渡りの専門家にはなるな。

フランシス・クワールズ

いつでも「ひとり暮らし」ができるようにしておく

アメリカの2つの大学で、大いに気になる研究結果が発表されています。

まずは、カリフォルニア大学のハワード・フリードマン博士の研究によると、**妻と死別や離婚したあとに再婚しなかったシニア男性の65%以上が70歳前に亡くなる**そうです。ところが、シニア女性は夫に先立たれても寿命がほとんど変わらないという結果に。

また、ロチェスター工科大学の研究でも、**熟年離婚した男性の平均余命が9年も短くなり、早死にする確率も3割高くなる**という結果が出ているのです。

これは、男性が先に逝《い》くことが多いため、女性には「いつか一人暮らしになるだろう」という心構えができていることが関係しているようです。

たしかに日本でも、奥さんが先に逝くだろうと考えているシニア男性は少ないと思いますし、このように予測していなかった出来事が起きると大きなストレスになります。

アメリカの心理学者ホームズとレイによれば、「配偶者の死」というのは、人を襲うストレスのなかで最も大きなものとされています。

ストレスのレベルを比較するのは難しいのですが、男性シニアにとっては、解雇や失業から受けるストレスの2倍以上といえば、その強さがわかりますね。このようなきわめて強いストレスに突然襲われたら、心も体もボロボロになって当然でしょう。

ちなみに「配偶者の死」に続く大きなストレスは「離婚」で、**配偶者の死を100とすると73に達する**そうです。

最近は、熟年離婚が増えています。厚生労働省の統計を見ても、同居35年以上（熟年離婚という定義が統計にはないため）で離婚した夫婦の数は昭和60年に比べて、平成28年には5倍以上に増えています。「うちにかぎって」とは決して言い切れません。

だから男性も「配偶者と離別して、自分一人で生き続けることになるかもしれない」という心構えをしておいてほしいと思います。

ただしそれはさほど難しいことではなく、奥さんの姿が見えなくなったときに、自分一人になってしまったときの生活を思い浮かべてみるだけです。

これは、スポーツの世界でも使われているイメージトレーニングと同じ練習法で、ある状況にいる自分を何度も繰り返し思い描くことによって、その状況に慣れる能力を養うわけですね。

もちろん、現実的な心構えも必要です。一人で生きていくためには家事などを身につけておく必要があります。そのためにも、定年というのはとてもよいきっかけになると思います。

たとえば、「お前が死んだときのことを考えて、少しずつ家事を覚えたい」などと言えば、奥さんは不機嫌になるでしょうが、「定年したから、これからは少しずつ家事を手伝うよ」と言えば、逆に上機嫌で教えてくれるはずです。

人生は後ろ向きにしか理解できないが、
前向きにしか生きられない。

キルケゴール

第4章
無理をしない友人づくり

つきあう
相手を
選びなさい

小さな劣等感を次々と潰していく

「長年勤めあげた会社に再雇用してもらいましたが、昨年、65歳で2度目の定年を迎えました。昔の同級生や友だちのなかには、ずいぶん前から自由人になっている連中もいて、フェイスブックやインスタグラムを見ると、海外のあちこちに旅行へ行ったとか、畑なんか作って楽しそうに田舎暮らしをしている。そんな幸せそうな顔を見ると、なぜもっと若いうちに退職しなかったんだろう、いまからではなにを始めても遅すぎるという後悔ばかりが頭をよぎるんです」

このように、自分がまわりの人たちより劣っていると感じる気持ちの根底にあるのは劣等感ですが、これは「老人性うつ」の原因にもなりますから、なんとか解決したいものです。

実は、その解決法は意外と簡単です。なぜなら、**劣等感というのは客観的な考えではなく、その人の「思い込み」にすぎないケースが多い**からです。

たとえば、奥さんと海外旅行を楽しんでいるような人も、実は老後資金を使いすぎてあわてているかもしれません。そして、65歳までしっかり仕事を続けて老後資金をたっぷり貯めた人のことをうらやましく思っているかもしれないのです。

楽しそうな田舎暮らしの様子をＳＮＳにあげている人も、実際には人間関係で苦労して、「やはり都会で暮らしていればよかった」と後悔しているかもしれません。

このような隠された事実に気づかないで、勝手に劣等感に苛《さいな》まれる場合が多いようです。

誰にも、他人より劣っている部分はあります。しかし、他人より優れている点だってあるはずです。ネガティブな部分に注目するのではなく、ポジティブな部分を見て、そこを伸ばしていけばいいのではないでしょうか。

このように、自分には他人より優れているところがある、と信じる気持ちが「自己肯定感」です。

自己肯定感は、幼いころの育てられ方や生活環境の影響を受けることが多いとされています。しかし、シニアになってもあきらめる必要はありません。自己肯定感は、とても簡単な方法で伸ばせます。

その方法とは、**ほめられたら喜ぶ**こと。自己肯定感が低い人というのは、ほめられてもそれを素直に喜べません。それが自己肯定感をさらに低下させていくのです。

「65歳まで勤めあげたなんて立派です」「再雇用されるのは頼りにされている証拠ですよね」などとほめられた場合、謙遜《けんそん》するのではなく、「ありがとう」「そう言われるとうれしいな」のようにネガティブな言葉を一切使わずに、喜ぶようにしてみましょう。これが孤独力を養うことにもつながります。

こうすると、次第に自己肯定感が高まります。というよりも、自分に自信が持てるようになるといったほうがわかりやすいですね。

団塊の世代はいままでベストを尽くして人生を送ってきたのですから、他人と比べない孤独力を養って、もっと自分の胸を張っていいと思います。

人生は、ケチな心配事ばかりしているのには短すぎる。

チャールズ・キングズリー

こんな友人とは手を切りなさい

「劣等感というのは客観的な考えではなく、その人の『思い込み』にすぎないことが多い」と話しました。しかし、世の中はおかしなもので、ときどき故意に相手に劣等感や嫉妬《しっと》を抱かせようとする人がいるものです。

たとえば、現役時代の話をしていると、「退職時の役職は自分のほうが上だった」とか、旅行へ行った話をすると、「私たちは海外旅行にしか行かない」などと、自分のほうが上だとやたらアピールする人です。

言うまでもありませんが、これらはすべて優越感を得ようとしている証拠です。そこまで露骨《ろこつ》ではなくても、たとえば「○○日の△時にウチへ来て。食事会するから」といった、こちらの都合をまったく考えずに予定を決めてしまう人も、同じ気持ちの持ち主でしょう。

こんな人が近くにいたら、どうすればいいのでしょうか。答えは簡単です。交際をやめてしまえばいいだけ。

「でも、貴重な友人の一人。そんなに簡単に交際をやめることはできない」と思うかもしれません。たしかに、シニアにとって友人は必要ですが、大切にするあまりストレスがたまるのは考えものです。

「ときどきイラッとはするが、それほどストレスを感じているわけではない」と

いう場合は、とくに注意が必要です。なぜなら、その友人との摩擦《まさつ》を避けようとして自分の感情を抑え込んでいる可能性があるから。こういうタイプの人は、周囲から「人あたりのいい温和な人」という評価を得ているのではないでしょうか。

このような心理傾向が見られる人のことを「タイプC」と呼びます。ちなみに、この「C」はがん（cancer）の頭文字です。このタイプは心の奥底では劣等感や嫉妬を感じているため、それが心身に強いストレスを与え、がんを発症しやすいといわれているのです。

自分の感情を抑え込んで相手に優越感を抱かせ、そのあげくにがんになってしまうなんて割に合わないと思いませんか。それを避けたいなら、そんな人とは離れてしまいましょう。

ただし、**距離を置いた後でも挨拶だけは忘れない**ようにしてください。

このような相手はもともと、自分自身が劣等感や嫉妬を感じやすくて、あなたが挨拶もしなくなると、あなたへの評価を急激に下げます。すると、あなたの悪口や根拠のない噂話をしかねません。だから、挨拶だけはし続けるように。たとえ希薄な関係になっても、あなたに対する攻撃を防ぐことができるでしょう。

こうして人との距離を置いた後もうまく立ち回るのが、正しい孤独力というものです。


思慮なき友人ほど危険なものはない。

ラ・フォンテーヌ

八方美人はトラブルのもとになる

定年退職したシニアのなかには、「多くの人から尊敬されたい」という社会的承認欲求が満たされていないと思い込み、些細なことでキレる人がいます。

ところが、なかにはこれとは正反対のかたちで社会的承認欲求を満たそうとする人もいます。「尊敬されるのが無理なら、相手にされるだけでもいい」と考え、みんなに気に入られようとするわけです。

しかし、こんな気持ちが強くなりすぎると、誰にでも都合のいいことを言う「八方美人」になってしまいます。

本人は「これでみんなと仲良くできる」「仲間に入れる」と思っているのかもしれませんが、八方美人的態度をとり続けていると、逆にみんなから敬遠されてしまうため注意が必要です。

また、このように**〝外〟で「いい人」「立派な人」を演じていると、〝内〟にその反動が来る**ことがあります。

みんなに好かれようとすれば、Aさんの前ではAさんの意見を受け入れなければなりませんし、AさんとギクシャクしているBさんの前ではBさん

の意見に賛成しなければならないわけですから、これは明らかな自己矛盾です。こんな矛盾を抱えていれば、反動で感情が爆発して当然でしょう。

ちなみに〝内〟とは家のなかのこと。つまり、八方美人になるほど、その反動で「ドメスティック・バイオレンス（DV）＝家庭内暴力」を起こしやすくなるということです。

極端な帰結と思うかもしれませんが、いわゆる外面《そとづら》がよい人や、外面を大事にする職業の人ほど、DVを起こしやすいという調査結果が出ているのです。

深刻な問題を起こさなかったとしても、そもそも、**「人に好かれたいから」といって誰にでも媚《こ》びるのは品がよくありません。**シニアなら、なおさらです。

60歳を過ぎたら、「誰にでも好かれたい」という気持ちに振り回されるのはやめて、周囲を傷つけない範囲で自分の気持ちや考えを正直に伝えたほうがいいと思います。

その結果、相手があなたの気持ちを受け入れてくれなかったり、反発を受けたなら、「この人とは縁がなかった」と考えればいいのです。

こうして自分に素直でいれば無駄なストレスも感じませんし、いつか必ず、あなたの気持ちや意見に賛同してくれる人があらわれます。「誰とでも」ではなく、そういう人とだけつきあうのが、上手な孤独力だと思います。


広く好かれれば好かれるほど、深く好かれないものだ。

スタンダール

噂話に飛びつかない

「ねえ、知ってる？　○○さん、早期退職するらしいの」

「そう、知らなかったけど」

「あの人、ちょっとトラブルを起こしたでしょ。それで退職に追い込まれたのかも」

「そうなの……」

「いろいろ問題がある人だから。部下にも嫌われていたみたいだしね」

こんな話は、日頃あちこちで交わされているのではないでしょうか。

この場合、聞き手はなにも積極的に発言していません。ただ話を聞いているだけです。でも、直接なにかを言わなくても、その場にいただけで、後になって「一緒になって噂話をしていた」と共犯者にされることがよくあります。

「情報通」といわれる人が持ち込んでくる噂話は、確かに興味深いのですが、出所が不明で信憑《しんぴょう》性がなかったり、間違った情報であることも多いもの。とくに本人がいないところで交わされる噂話はネガティブなゴシップになりがちです。**気軽に話していたつもりでも、尾ひれがついて、誰かを傷つけるような展開になってしまう**ケースもあるのです。

もちろん、前向きな噂話もあります。

「彼女は将来のために、新しい資格試験に挑戦しているらしいわ」

「そうなの」

「毎日忙しいはずなのに、すごいわね」

これは決してネガティブな話題ではありませんが、「～らしいわ」というところで、やはり噂の域《いき》は出ないわけです。このような不確かな情報を話題にして盛り上がるのは、あまり上品とはいえません。

だからといって、噂話に参加しないと、「おもしろくない人だと思われる」「仲間外れにされるかもしれない」と考える人もいるようです。しかし、不確かなものしか得られない話題で結ばれた人間関係を保つよりも、毅然《きぜん》としているほうがすがすがしいのではないでしょうか。

会話の流れでどうしても噂話になったとき、「そんな話はやめましょう」と言い出すのは難しいかもしれません。そこで、**賢い人はさりげなく話題を変えてしまいます。**

まったく違う話に転換できればいちばんいいのですが、たとえば、噂話をしているメンバーの誰かを話題にするのも頭のいい方法です。先ほどの例でいえば、

「あなたもなにか新しいことをするの？」

「あなたはもう資格を持っているものね。ずいぶん勉強したんでしょう?」

など、相手が自分自身のことを語るように仕向けるわけです。

話題にされた人間は気分がよくなり、「実は、○○を始めようと思っているの。趣味なんだけどね」とか「××の資格を取るのは大変だったのよ」などと、ちょっとした自慢話を始めるかもしれません。でも、その場にいない人の噂話や悪口よりずっといいでしょう。こんなふうにさっと話題を提供して空気を変えるのも、年齢を重ねた人の知恵だと思います。

君と一緒に陰口をきく者は、君の陰口もきくだろう。

スペインのことわざ

「ノー」と言うことをためらわない

「今日は一人で静かに過ごしたい」。誰にでも、そんな日があります。

日中、仕事やつきあいで何人もの人と会えば、話したり、笑ったり、ときには意見を戦わせたりもします。打ち合わせが長引いて時間が押してしまえば、次の約束に遅れないように急ぐことも、場合によっては食事抜きでの移動になることもあるでしょう。そうしたあわただしい日常から、ほんの少しだけ離れた場所に自分を置きたいと思うのも無理はありません。

ところが、そんな日にかぎって、帰り際に「一杯、行きませんか?」などと声がかかったりするもの。

もちろん、気力も体力も充実していれば、喜んで「イエス」と言えるでしょう。しかし、「今日はもうバテバテ。できれば断りたい」と思ったとき、はっきり「ノー」と言えるでしょうか。せっかくの誘いだし、ノミュニケーションでの人間関係も大切……そう考えて、つい「イエス」と答えてしまうのではないでしょうか。

しかし、断りたいのなら、「行きたいのだけど、今夜は学生時代の友だちと約束があってね」と「ノー」と言うことも必要です。

さすがに「今日は気がすすまない」とストレートに答えるのではなく、「嘘も方便《ほうべん》」というわけですが、そもそも、**あなた自身の大切な時間ですから、後ろめ**

たく思う必要はありません。

人間には、誰かと一緒にいれば安心だという考えがどこかにあります。自分は一人ではないと、いつでも確認したいのです。

同僚や部下が誘ってくれたなら、おそらくいつものメンバーが一緒ということが多いでしょうから、そこに自分だけがいないことに不安を感じてしまい、「ノー」と言えなくなりがちです。

保育園や幼稚園に子どもを送っていったお母さんたちが、門の近くで話している姿を見かけます。もちろん、大切な情報交換もあるでしょうが、単に世間話をしていることも多いようです。

合理的な考え方をする人なら、「子どもを送り届けたら、仕事に行くなり、家事をするなり、時間を大切にすればいいのに」と思うでしょう。しかし「一緒にいないと不安」と思ったり、「自分だけが除《の》け者になるのはイヤ」という警戒心が働いたりして、その結果、「なんとなく、そこにいる」ことに。これも「ノー」

と言えない心理と似ています。

さて、さきほどの酒席の誘いに「イエス」と言ってしまい、参加したところで、疲れていれば、お酒も料理もおいしくないでしょうし、会話がはずむとも思えません。その結果、さらなる疲れをため込むだけということにもなりかねないでしょう。

「たまには一人でゆっくりしたい」というときには、潔く「ノー」と伝えましょう。このように孤独力を発揮できれば、気持ちもスッキリするはずです。

そもそも、**相手は誘いを断られたことを、あなたが心配するほど気にしてはいない**もので、「たまたま今日は都合が悪かったんだな」と思うくらいです。

> 気持ちよく断ることは、
> 半ば贈り物をすることである。
>
> ブーテルヴェク

「してもらって当たり前」は通用しない

「大学時代から30年以上親しくしている友人が映画の配給会社に勤めています。

その関係で、映画の試写会があると必ず招待状を送ってくれていました。数か月前でしょうか、アカデミー賞をとった超話題作が、彼女の配給会社から公開されると知り、いつにも増して招待状が送られてくるのを待っていたのですが、いっこうに届かない。結局、その映画の一般公開が始まってしまったので、お金を払って観に行きました。つまらない映画の試写会にだけ招待していないで、話題作にも招待してほしいですよ。それができないなら、つきあいも考え直さなければいけないと思っています」

この言いぶんに、ずいぶん身勝手な人だ、という印象を受けたかもしれません。しかし誰にも、友人になにかを期待をして裏切られ、ガッカリした経験があるはずです。

そのときのことを思い返してほしいのですが、**あなた自身はその期待を実現するために努力をしたでしょうか。**

わかりやすく前出のケースを例にすると、「話題作の試写会の招待券が届くだろう」というのが期待です。しかし、その期待を実現するためになにもせず、ただ招待状が届くのを待っていただけでした。本来なら、「あの映画の試写会の招待状、自分にも送ってね」と、友人に一言伝えたほうがよかったのではないでしょうか。

と、こんなことを話すと、「言わなくても察してくれるのが、友だちというもの」などと反論する人がいます。しかし、**30年以上親しくしていても、テレパシー能力でもなければ気持ちは伝わりません。**

ただ、困ったことに、親しければ親しいほど、こうした行き違いが生まれやすいこともわかっています。これは「社会的判断理論」という心理によるもので、「親しい関係になればなるほど、相手を許せる範囲が狭くなり、許せない範囲がどんどん広がっ

てしまう」という気持ちです。
あまり親しくない相手なら、話題作の試写会に誘われなくても「忘れられてもしかたがない」「参加したがる人は多いだろうから、自分にまで回ってこないのだろう」と、簡単にあきらめられるでしょう。
ところが、親しい相手から同じ対応を受けると、「親友が観たいと思っているのだから、送ってきてくれて当然なのに、失望した」「言わなくても察してくれていいのに、なんて薄情なんだろう」という身勝手な反応を起こしやすいのです。

大切な友だちをなくさないためには、相手に期待しすぎないことです。

「期待を裏切られた」という出来事が起きても、相手に不満をぶつけるのではなく、「自分で勝手に思い込みすぎた」と反省したほうがいいでしょう。

愚かなる人は、深く物を頼む故に怨み、怒る事あり。
吉田兼好

わずらわしい関係はさっさとカットしよう

一人暮らしの人が誰にも看取《みと》られることなく、自宅で亡くなるのが「孤独死」です。ただし孤独死の定義は曖昧《あいまい》で、厚生労働省や警察庁から正式な件数は発表されていません。

そこで、東京23区内で一人暮らしをしていた高齢者（65歳以上）が自宅で死亡した件数を調べてみると、平成28年に3179人にのぼっていることがわかりました。10年前の平成18年（1892人）と比べ、約1・7倍という急増ぶりです。

孤独死の原因としてよく挙がるのは「近所づきあいの希薄《きはく》化」です。本書で提案している孤独力をつければつけるほど、孤独死する可能性が高くなるのではないかと不安になる人もいるでしょう。しかし、**孤独力と近所づきあいをしないことは、まったく異なります。**

できるかぎり他人に迷惑をかけない自立を目指すのが孤独力で、「近所づきあいをするな」とすすめているわけではありません。孤独力で大切なのは、ご近所さんたちとの適切な距離感を知り、それを保つことなのです。

「遠くの親戚より近くの他人」ということわざもある通り、どんなに親しい親戚や友人がいても、遠くに暮らしていれば、すぐに会うことができません。これでは、いざというときに力になってもらえません。

そこで頼りになるのが「近くの他人」なのですが、なかには「本当は世話好きではなく、相手を自分に依存させ、自分が重要な人物であることを実感したいだけ」という、自分の支配欲を満たすために近づいてくる人もいます。

もともと、私たちには依存心がありますし、老後という先の見えない状況に置かれると、それはさらに強くなります。そのため、このような考えの人とかかわってしまうと、いつの間にかその人なしではいられなくなってしまいます。この状態は、孤独力とは正反対です。

では、どうすればこうした人に支配されずにすむでしょうか。言うまでもありませんが、近づかないことが第一でしょう。しかし、支配欲が強いかどうかは、しばらくつきあってみなければわかりませんね。それでは手遅れになるかもしれないので、それ以前に垣間見える特徴をいくつか紹介しておきましょう。

□自分の考えを押しつけようとする
□それがうまくいかないと、すぐにいらつく
□思い込みが激しい
□あなたに好かれている、求められていると思い込んでいる
□勝敗に強いこだわりを見せる

以上の5項目のうち、3つ以上当てはまる人が優しい言葉で近づいてきたら、丁重にお断りして、あなたの老後人生から退場してもらうことを強くおすすめします。

敵を選ぶときには、いくら注意しても注意しすぎるということはない。

オスカー・ワイルド

忠告してくれる人を拒まない

ニッコロ・マキャベリは、ルネサンス期にイタリアで活躍した政治思想家です。彼はたくさんの思想書を著しましたが、そのなかで最も有名なのが『君主論』です。文学者の金森誠也氏によると、『君主論』のなかには次のような一節があるといいます。

「人間は誰でも自尊心をくすぐられるのは気分のよいものだ。しかし、その気分のよさに浸っていると、ペストに感染してしまう」

当時、ペストに感染するというのは「死」を意味していました。つまり、破滅です。

そして、この言葉通り周囲をイエスマンだけで固めた結果、失脚した歴史上の人物や経営者は、それこそ枚挙《まいきょ》に暇《いとま》がありません。正確には「イエスマンだけで固めた」のではなく、「イエスマンだけが残った」と言ったほうがいいかもしれません。

権力者にとって最も大切なのは、起きている問題をいち早く知り、それを早期に解決することなのですが、「すべてうまくいっている」と聞かされたほうが気がラクなのも事実です。そのため、「○○で問題が起きています」「売り上げが落ちています」などという耳障《みみざわ》りな情報には耳を貸さなくなっていくのです。そして、耳障りなことを言う人物を切り捨てていき、その結果、解決できたかもしれない問題が大きくなり、破滅するというわけです。

これと同じことが、シニアにも起きがちです。

前に「自己スキーマ」という考え方を紹介しました。自分自身のことを分析して、自分の行動の結果を予想する考え方ですが、人は歳を重ねるにつれ、自分に都合のよいように考えがちになります。つまり、**「私の考えに間違いはない」「相手が間違っている」という考え方が強くなる**ということです。

こうなると、自分の考えを否定する人や諫言《かんげん》してくれる人が疎《うと》ましくなり、お世辞がうまい人や自分に都合がいいことばかり言う人としかつきあわないようになっていきます。

すると、ますます自分に都合よく考えるようになり、最終的にはお世辞がうまい人や都合のいいことばかり言う人さえ立ち去ってしまいます。そして残るのは、誰にも相手にされない自分だけ。

忠告や苦言を聞かされるのは嫌なものです。その気持ちは歳を重ねれば重ねるほど強くなっていき、それが正しいことだとわかっていても反発したくなるでしょう。しかし、そこを我慢して意見を聞き入れるのが年の功ではないでしょうか。

機会が二度、
君のドアをノックすると考えるな。
シャンフォール

孤独という言葉をマイナスに受けとらない

日本人の国民性のひとつに「和を尊ぶこと」があげられます。子どものころから、家庭では兄弟仲良くと、学校ならお友だちと仲良くと教えられますし、社会に出てからはどんな職場でも周囲との調和やチームワークが求められます。

「和を以《もっ》て貴《とうと》しとなす」という言葉は、聖徳太子（厩戸《うまやどの》皇子《おうじ》）がつくったとされる「十七条憲法」の最初に出てくるもので、たしかに社会において「和」は大切な考え方でしょう。しかし、裏を返せば、和のなかにいることが安心で、和を離れて孤立するのは不安という心理が働いていることにもなります。

たとえば、会社勤めをしていて「ランチに誘われない」「仕事が終わったあとの飲み会に声がかからない」といったことが続くと、「自分だけが仲間はずれ？」と感じるかもしれません。

「私は嫌われているのだろうか」「なにか気に障《さわ》ることをしたのだろうか」と悩み始める人や、なかには「どうしてみんなに避けられているのだろう」と精神的なダメージを受けてしまう人もいるのです。

でも、冷静に考えてみれば、孤立を恐れたり、クヨクヨすることなどありません。**ただ群れているだけの人たちなど放っておいて、孤独、いや孤高を楽しんでしまえばいいのです。**

ランチにしても、いつもの仲間といつもの店ですませるよりも、一人でちょっとリッチな店に入ったり、「隠れ家」のような店で食事を楽しんだりすれば、充実したリラックスタイムになるはずです。

仕事が終わってから、見飽きた顔の相手と仕事のグチを言い合うより、一人で映画を観たり、静かなホテルのバーでグラスを傾けたりしたほうが、リフレッシュできるでしょう。

「孤高を楽しむ」という行動パターンは、自分らしさをキープする手段でもあります。**自分の時間は、自分の思うままに使ってこそ心地いいもの。**群れなければ安心できない人たちと過ごし、彼らの弱さや、くだらなさにつきあう必要はないのです。

哲学者のニーチェは、「愛せない場合は通り過ぎよ」という言葉を残しています。恋愛にかぎった話ではなく、深い人間関係や信頼関係を築けそうにない相手と関わる必要はないということでしょう。

私は、孤独ほど付き合いやすい仲間を持ったことがない。

ヘンリー・デイヴィッド・ソロー

第5章 言葉を磨くと豊かになれる

嫌われ者に
なっては
いけない

毎日1回は誰かと言葉を交わしてほしい

一人暮らしをしているシニアが急増しています。高齢化は日々進行しているので、この割合は今後さらに増えていくはずです。つまり、孤独力をつけておく必要に迫られているということでしょう。

ただし、勘違いしてほしくないのが、「孤独力」と「孤立」は似て非なるものだということ。何度も話してきた通り、孤独力とは、他人に過度な期待をしたり、迷惑をかけたりせずに生きていく技術で、それに対し孤立とは、いざというときにも助けが得られず、一人だけ世間から切り離された状態にある様子を指します。

とくに注意したいのが、「誰とも言葉を交わさない時間」を増やさないことです。第一生命経済研究所の調査では、話し相手がいるかどうかは幸福度をとても大きく左右するそうです。

ところが、一人暮らしになったシニア男性の39％が、「一日中誰とも話さないことがとても増えた」と答えています。ちなみに、シニア女性の場合は27・4％と、シニア男性よりもかなり低く、これは以前にも触れましたが、女性は自分だけの世界やつきあいを持っていることが関係していると思われます。

誰とも話さずにいれば、幸福度が低下するだけではなく、なんと悪質商法や詐欺の被害にあいやすくなることもわかっていますから、注意が必要です。

孤立している時間が長ければ長くなるほど、「誰でもいいからそばにいてほしい」「誰かと話をしたい」という気持ちが強くなります。こうした心理を「親和欲求」と呼びますが、この気持ちがあまりにも強くなりすぎると、「なんかおかしいな」と思っても、見知らぬ人を家にあげてしまったり、特殊詐欺の電話の相手をしてしまう可能性が高くなります。

しかも、親和欲求を満たしてくれた人とは「離れがたい」という気持ちになり、**「騙《だま》されている」とわかっていても、相手が求めるままに商品を買い続けたり、**

お金を支払い続けてしまうシニアもいると聞きます。

こんなトラブルを避けるためには、少なくとも1日に3人くらいと話して親和欲求を満たす必要があります。そこでおすすめしたいのが、スーパーやコンビニで買い物をするのをやめて、商店街などにある個人商店を利用すること。

スーパーやコンビニでは無言で買い物ができてしまいますが、個人商店を利用すれば各々の店で「おすすめの魚はどれかな」「サンマが旬ですよ」、「キュウリはありますか」「あそこに置いてありますよ」、「新製品は出た？」「来週みたいです。出たら真っ先に教えますよ」などと、会話をしながら買い物ができます。

また、こうしてつながりをつくっておけば、「最近、○○さん来ないね」「体調でも崩しているのかな」というような気遣いも受けることができますから、孤立せずにすむでしょう。

あんまり一人ぼっちの人間は、
しまいには病気になるもんだ。

ジョン・スタインベック

「自分から先に声をかける」と決めてみる

シニア向けのイベントや趣味の集まりが、けっこう頻繁に催されています。そうしたところへ行くと、同年代の人と知り合う機会は確実に増えるでしょう。

しかし、そこで出会うのは初対面の人ばかり。知らない人と話すのにあまり慣れていないと、「イベントに参加したものの、誰とも会話せずに帰ってきた」ということもあるはずです。

これでは、以前にも紹介した「孤独は山になく、街にある」という言葉通り、孤立していることが余計に際立ってしまいます。

相手が話しかけてこないなら、自分から話しかけて会話のきっかけをつくりたいもの。そのために効果的なのが**アイコンタクトから始める**ことです。

アイコンタクトとは、第三者と視線を合わせることで、言葉以上に自分の気持ちを伝えることができます。視線を合わせるだけで「あなたに関心があります」と伝わるわけです。

「この人と知り合いたい」と思ったら、まずは相手を見つめてみましょう。そして、相手があなたの視線に気がついて目が合ったら、10秒以内にニコリとほほ笑み、声をかけてみてください。

なぜ10秒以内に声をかけるのか。それ以上見つめ合っていると、相手に不安や不快感を与えてしまうためです。

病院に通っている人なら、待合室で何度か見かけた人に声をかけてみるといいでしょう。

人には「同じ境遇にある人と親密になりやすい」という心理があります。病院に通っているのは、なんらかの病気の治療中ということですから、ある意味、会話もはずむはずで、簡単に打ち解けられるでしょう。まさに「同病相憐《あいあわ》れむ」ということわざ通りです。

ただし、いくらお互いに病人といっても、その程度は人それぞれですし、病気というのは究極の個人情報でもありますから、「どこがお悪いんですか？」という質問はせず、相手が言い出すまでは、たわいのない話題に留めておきましょう。

もし、**たわいのない話題にも乗ってこない場合は、会話をする気分ではないということ**でしょう。心身の痛みに耐えているときに話しかけられるのはつらいものですから、それ以上は深追いしないことです。

病院でのたわいのない話題とは、待ち時間の長さ、医師やスタッフの評判などでしょうか。あなたのほうが長く通っているようなら、「この病院はとても丁寧に治療してくれるんですが、そのぶん、どうしても待ち時間が長くなるんですよね」などと教えてあげれば、相手はきっと「頼りになる人」という印象を抱いてくれるでしょう。

成功するための最善の方法、
それはもう一度試みることである。

トーマス・エジソン

好き嫌いは最初の印象で決まる

「昨年、定年したばかりで、第二の人生をどのように過ごすか、はっきり決まっていません。まず新しい友だちや知り合いをつくろうと思い、近所で開かれるシニア向けイベントに片っ端から参加してみました。おかげさまでけっこうな人数のシニアと知り合えたのですが、もう少し親しくなりたいと思っていると、逆に敬遠されてしまう。どこが悪いのでしょうか」

初対面ではうまくいきそうな雰囲気になるのに、何度か会ううちに嫌われる――こんな経験がある人は意外と多いようです。こんなことが続くと、望まない孤立を招くことになってしまいます。

本来は、「**単純接触効果**」といって、顔を合わせる回数が多くなるほど人は相手に好意を持つものです。それなのになぜ、敬遠されるのでしょうか。

理由はおそらく、あなたに対する第一印象が悪かったためだと思われます。つまり、「初対面でうまくいきそうな雰囲気になった」というのは、残念ながらあなたの勘違いだったということです。

第一印象が最も強い影響を及ぼすというのは「初頭効果」という心理によるもので、**第一印象が悪かった場合、顔を合わせる回数が多くなればなるほど、その印象の悪さは増幅されていきます。**

第一印象がよかった人に軽口を叩かれると、「親密になった証拠」というプラスの解釈をしますが、第一印象が悪かった人に同じことをされると、「なんて馴《な》れ馴れしい人なんだ」ととらえてしまうのです。人の好き嫌いは初対面で決まり、その感情を覆《くつがえ》すのはかなり難しいというわけです。

では、好ましい第一印象を与えるにはどうすればいいのでしょうか。

これについては、心理学者のメラビアンが「言葉よりも非言語コミュニケーションが大切だ」と教えてくれています。非言語コミュニケーションとは、表情やしぐさなど外見的なことです。そこで、初対面の相手によい印象を与えたいと思ったら、**こざっぱりした服装をして、できるだけ笑みを浮かべていましょう。**

さらに「この人と親しくなりたい」と思うなら、笑顔で握手を求めましょう。握手をするときにはしっかり力を込めること。精神学者のアストロムによると、力を込めて握手をされた人は、相手に好意的な印象を持つそうです。

微笑めば友だちができる。
しかめっ面をすればしわができる。

ジョージ・エリオット

温かい関係をたもてる日本語を知っていますか？

言葉の受け取り方は人それぞれ。たとえば、あなたが冗談のつもりで言った言葉に友人や知人が本気で腹を立て、それっきり縁が切れてしまうこともあります。

ところが、貴重な友人や知人を失っても、「真意を取り違えた相手が悪い。そんなに愚かな友人や知人なら、自分のまわりからいなくなってもいい」と考える人がいます。

このように、**失敗や問題が生まれたときに「自分には責任がない。悪いのは相手のほうだ」と考えるのは、「外的帰属」という考え方**です。

外的帰属は女性よりも男性によく見られる考え方で、普段から自分に優越感を持ち、お世辞やほめ言葉に弱い人に多く見られます。そして、失敗してもその原因をすべて他人になすりつけて自分は一切反省しないため、何度も同じ失敗を繰り返しています。

一人ぼっちになっても生きていくのが孤独力——と、うそぶく人もいるかもしれませんが、それは違います。「この人とはウマが合わない」「距離を置きたい」と感じた人とは無理につきあおうとせず、自ら遠ざけることができるのは孤独力ですが、**相手から敬遠されるのは、ただの口が悪い嫌われ者です。**

笑うのは早すぎますよ。なぜなら、考え方や価値観というのは、歳を重ねていくとどんどん凝《こ》り固まっていきがちで、シニア男性なら誰でも「口が悪い嫌われ者」になる可能性があるということです。

「真意ではない言葉の受け取られ方をしたことがある」という人は、自分にも責任があるともう少し考え、語彙《ごい》力をつける努力をするといいでしょう。

語彙力をつけるために効果的なのが**「言葉の言い換え」**です。

以下に、相手を傷つけたり立腹させやすいと思われる言葉の言い換えを挙げましたので、参考にしてください。

ネクラ（根暗）→思慮深い、落ち着きがある

短気→素直、決断力がある、優柔不断ではない、純真、正直

根気がない→ペース配分がうまい、気分転換が上手

消極的 → 奥ゆかしい、控え目、慎重
地味 → しっとりしている、上品
ひねくれている → 独自の視点を持っている、ユニークな考えの持ち主
変わり者 → 個性的、自分自身の考えを持っている、時代に流されない
冷たい → 冷静、取り乱さない
わがまま → 自己主張型、自分自身をよく知っている
太っている → ふくよか、豊か、恰幅《かっぷく》がいい
痩《や》せている → モデル体型、スレンダー
背が低い → かわいい
背が高い → スラリとしている、外国人体型
色が黒い → スポーツマンタイプ、健康的
目が小さい → おとなしい印象
髪の毛が薄い → 頭の形がいい、元気そう（性的に）

相手のコンプレックスを刺激しそうな言葉は、できるだけ言い換える習慣をつけておきましょう。言い換えは脳の活性化にもつながります。

美しい唇であるためには、
美しい言葉を使いなさい。

オードリー・ヘプバーン

相手の気持ちを害さない断り方がある

入院する際に保証人が必要になることを知らない人がいるようです。病院に限らず、福祉施設へ入居する際にも保証人を用意しなければなりません。

これは、治療方針の判断やさまざまな手続き、支払いができなくなったときの対応をしていただくために欠かせないことなのです。

しかし、なかには近くに身寄りがいなかったり、たとえいたとしても疎遠《そえん》なケースも少なくありません。そんな人から「保証人になってほしい」と頼まれることもあるでしょう。

「お金を貸すわけじゃないから、なってあげてもいいだろう」と思うかもしれませんが、入院・入居した本人が支払えない場合には対応が求められますから、結局はお金を貸すのと同じことです。薄情なようですが、どんな場合でも保証人になるのは避けたほうがいいと思います。

とはいうものの、相手だって困り果てた末にあなたを頼ってきたはずですから、断り方によっては思わぬ恨みを買う可能性もありますし、自分自身、断ったことに罪悪感を覚えて落ち込んでしまう人もいます。そんなことが起きないよう、心理学的に正しい、上手な断り方を覚えておくとよいでしょう。

まず、気が進まない依頼の断り方には、以下の3種類があります。

①他罰型拒否……断る理由がすべて相手にあると示す断り方です。たとえば、保証人を依頼された場合は、「一人くらい親戚がいるでしょう。まずは、その人に頼んでみてはどう」など。借金を申し込まれたときは「無駄遣いしすぎなんだ

よ。どうせすぐ使ってしまうんだろう」などというのが他罰型拒否です。

②**自罰型拒否**……断る理由がすべて自分にあると示す断り方です。たとえば「保証人になれるほどのお金がないので、申し訳ないけれど、許してほしい」「うちも家計が厳しくて、貸せるお金はないんだ」などというのが、自罰型拒否です。

③**無罰型拒否**……断る理由や責任の所在を曖昧《あいまい》にする断り方です。「保証人なんて必要ないんじゃないか。なんとかなるだろう」「年金は減らされるし消費税は上がるからね。生活が苦しくて当然だよね。お互いにがんばろうよ」のように、相手が求める返事をせず、煙に巻くのが無罰型拒否です。

使われることが最も多いのは「他罰型拒否」です。当たり前のことを言っているだけですが、この断り方は相手にとても悪い印象を与えます。「逆恨みをされて襲われた」という事件を目や耳にすることがありますが、これも他罰型拒否によって起きることが多いようです。

「自罰型拒否」は、こうした逆恨みは招きませんが、そのかわり強いストレスが残ります。さらに、相手がなんらかのトラブルに巻き込まれた場合、「あのとき私が断ってしまったからだ」という罪悪感に苛《さいな》まれるケースもあります。

「無罰型拒否」をした場合は、依頼者の信頼を失うような気がしますが、それは一時的なもの。この断り方なら、恨みを買う恐れはなく、依頼を断ったというストレスも感じにくいでしょう。ただでさえ悩みの多いシニアには、この断り方をおすすめします。

貸すならば、
失くしても惜しくないだけの額を貸すことだ。

ジョージ・ハーバート

こんな頼み方ができればグッと好印象に

生活するうえで、人への頼みごとはなにかと多いもの。そんなときは、大人らしい知恵を働かせて依頼すべきでしょう。

頼む側の言葉遣いひとつで、相手としては、「仕方がない。やってあげよう」とか、「私がやらなかったら、困るんだろう」と思ってくれます。

頼みごとの鉄則は、「～していただけますか?」「～してもらえませんか?」という言い方にして、する・しないの判断は、あくまでも相手にゆだねます。

「～してください」では、無理強いされているように感じ、あまりいい気持ちがしません。

他人に手伝ってもらいたい場合は、

「申し訳ないけれど、時間があったら手伝ってもらえませんか?」

「お忙しいでしょうが、手伝ってほしいことがあって。お願いできますか?」

などと話すといいでしょう。まず、「申し訳ないけれど」「時間があったら」「お忙しいでしょうが」など、相手の都合を気遣うようにします。

「～してもらえると助かるのですが」という話し方もあります。やや消極的な頼み方のようですが、押しつけられるような言い方を嫌う人に対しては、これくらいのほうがいいかもしれません。

「○○を手伝ってもらえませんか？」
「○○を助けてほしい」

などの言い回しも有効でしょう。

そして、「仕方ない」と、イヤイヤでも依頼を引き受けてもらえたら、

「ありがとう。本当に助かりました」
「やっぱり頼んでよかった。本当にありがとう」

と、きちんとお礼を口にします。心からの感謝の言葉を添えれば、相手は気持ちよく思ってくれるはずです。

なにかを教えてもらう場合も、言葉は慎重に選んで、きちんとお願いするのがマナーです。手が空《あ》いていそうなタイミングに、
「ちょっとお聞きしたいのですが、よろしいでしょうか？」
「すみません。ここのところを教えていただきたいのですが」
などと切り出し、相手が「どうぞ」と承諾してくれたら、具体的な内容を伝えます。

また、そのときに「○○さんはとても詳しいとうかがいましたので」と、**その人に声をかけた理由を説明すれば、相手も悪い気はしないで、快《こころよ》く教えてくれるでしょう。**

「いつも余裕を持って仕事をされていますが、どうしてそう手際よくできるのか、ぜひ教えてください」

こんなふうに言われたら、どうでしょうか。人は誰でも相手より上位に立ちたいという心を持っていますから、「教えてください」と言われると、自尊心が大いに満たされます。

「ぜひ、教えてください」は、そんな人の心理を突《つ》く、絶妙なひと言になります。

「いやあ、特別なノウハウなんてありませんよ。ちょっと慣れればできますよ」

などの返事が返ってくるでしょう。でも、それでいいのです。相手がうれしい気持ちになり、あなたに好印象を持ってくれれば、それで十分だからです。

教えてもらったら、

「お時間をとらせて、申し訳ありませんでした。助かりました」

「お忙しいのに、お邪魔をしました。ありがとうございます」

と感謝の気持ちを伝えます。話し方ひとつで、印象は大きく変わるのです。


人生が私たちに要求するものは勇気である。

ギマランエス・ローザ

思ったことは素直に口にするほうがいい

「沈黙は金」ということわざがあります。ほとんどの人が「沈黙は、金にも喩《たと》えられるほどの価値がある」という意味で使っていて、「人は寡黙《かもく》なほうがよい」と考えられがちです。ところが、この解釈はどうやら誤りのようなのです。「沈黙は金」ということわざは、「Speech is silver, silence is golden.」という英語の格言が日本語に翻訳されて広まったもので、これと同じように「沈黙は金、雄弁は銀」として使われるのが本来です。

実は、この英語の格言が成立した当時、彼の地では金より銀のほうが価値が高かったそうです。つまり、本来は「沈黙するよりも雄弁なほうが価値のあるおこないだ」という意味だったのです。

しかし、「言わなくても察してくれるべき」と思い込んでいる人は少なくありません。とくにシニアは、自己スキーマ（自分自身を分析して、自分の行動の結果を予想する考え方）を都合よく考えがちなので、思い込みが空回りしがちで、勝手に怒ったり落胆したりします。

このように、**なにも言わないのに怒ったり悲しむ人がいたら扱いに困りますし、**

正直言って不気味でもあります。こんなことをしていたら、自分では望まないのに孤立していくはずです。

やはり、感じていることや聞きたいことがあったら、「察してくれるはず」などと考えずに、はっきり口にして伝えましょう。

たとえば、子どもに「そろそろいまの家を引き払って一緒に住まないか」とすすめられたときなどです。

「息子はまだしも、お嫁さんは嫌がっていないだろうか」「介護が必要になってから『やっぱり引き取らなければよかった』と思われ、邪魔者扱いされるのではないか」などの不安を抱えているまま、口にしないで同居を始めてしまうと、いつまでも不安や疑心暗鬼《ぎしんあんき》が残ります。実際に息子夫婦ともギクシャクする可能性が高くなるでしょう。

ちなみに、これは、「自己成就《じょうじゅ》予言」という心理によるもので、**「強く思い込むことによって、無意識のうちに自分自身の行動や言動に影響が及び、その結果、**

思い込んだことが現実化する」という現象です。

こうした悪い結果を招きたくなかったら、「お嫁さんは迷惑と思っているのでは？」「介護が必要になったらどうするつもり？」と、ズバリ聞いてみればいいと思います。

こうすると、抱えていた不安が思い過ごしだったとわかるかもしれませんし、介護が必要になった場合の相手の考えもはっきり聞かせてくれるかもしれません。

万が一、本心ではお嫁さんが迷惑だと思っているとわかったなら、いままで通り別々に暮らすことを選べますから、これはこれで同居するよりも幸せなはずではありませんか。

率直であること。これに勝る知恵はほかにない。

ディズレーリ

「また話したい」と思ってもらえる人になろう

「3年前まで小学校で校長をやっていました。校長というのは子どもたちやPTAには尊敬されていますが、学校のトップのため、友だちができにくいんです。だから、退職してから友だちをつくろうと思って、いろいろなイベントに参加しています。でも、まったくうまくいかない。みんな以上に丁寧な言葉遣いを心がけているつもりなのに、なぜか私だけが疎まれている気がしてなりません」

同じような悩みを抱えている人は少なくないでしょう。もしかすると、あなたが疎《うと》まれているのは、無意識のうちにやっているしぐさにあるのかも……。

そのしぐさの代表格が**「指をさすこと」**です。「指をさす人は相手のことを下に見ている」もしくは「指をさされると見下されていると感じる」もので、最近よく使われる言葉に言い換えると「マウンティング」でしょうか。

小学校の校長先生というのは、生徒から見るとあきらかに上位にいる人です。本人もそれはわかっていますから、もしかすると、その気持ちが捨てきれずに、いまも「指さし」をしているのかもしれません。

小学校ではそれでもよかったでしょうが、**仕事を離れてから出会った人とは対等な関係です**。そんな相手に「指さし」をしたら、不快感を与えて疎まれて当然でしょう。

ちなみに、欧米では誰かに指をさされると「悪い魔法をかけられている」と感じるそうで、やはり相手に悪い印象を持つそうです。相手が日本人でも外国人でも、指さしはやめたほうがよいでしょう。

どんなに丁寧な言葉遣いをしていても、指さしというしぐさがすべてを台なしにしてしまうというわけです。

シニアがやりがちなマウンティングはほかにもあります。

たとえば、自慢話です。自慢話が好きな人というのは、プライドが高く、「みんなに一目置かれたい」と思っています。初対面の人にいきなり、このように「上から目線」で迫られたら、いい気はしませんね。

己の欲せざる所、人に施すことなかれ。

孔子

会話で苦労しない2つの方法

人と積極的に関わり、円滑に会話を進める力をコミュニケーション能力と呼びます。現役時代にはかなり高いコミュニケーション能力を発揮していた人でも、仕事を離れたとたんに、急に低下するケースが多いようです。これが孤立を招くのは言うまでもありませんし、脳を衰えさせる原因にもなり、注意が必要です。

そもそも、第三者とコミュニケーションをとるのは、相手が誰か認識し、話を聞き、それを理解し、反応する（話す）というとても複雑な作業で、脳を活発化させます。

脳が元気であれば、認知症になる可能性も低くなりますし、長生きも可能です。たくさん友だちがいてよくしゃべるシニア女性のほうが、孤立しがちな男性よりも長生きする傾向が見られるのは、こんなところにも理由があるのかもしれません。

元気で長生きしたいと思ったら、シニア男性にもシニア女性並みのコミュニケーション能力を身につけてほしいと思います。そのコツは、次の2点に集約できるでしょう。

①自分がしてほしいことを相手にもしてあげる。
②自分が言われたくないようなことは、相手にも言わない。

たとえば、誰だってほめられたいものです。定年したシニア男性はとくにその気持ちが強いと思います。それなら、相手のことをほめてあげるように心がけるのです。

毎朝、道の掃除をしている人がいたら、「おかげさまで、いつもすがすがしい気分で散歩ができます。ありがとうございます」と話しかけましょう。

同世代が集まるところへ行くと、「私は、数か月前まで一部上場企業の部長だったんです」という過去の栄光をひけらかす人が1人や2人はいます。そんな人にもイラッとせず、「すごいですね」「ご苦労様でした」と言ってあげましょう。

そして、もうひとつ、「自分が言われたくないようなことは、相手にも言わない」も大切です。ある調査によると、男性が嫌う言葉は「老けた」「器が小さい」「頼りがいがない」「清潔感がない」「センスが悪い」「気が利かない」「女々《めめ》しい」「ケチ」「かっこ悪い」などだそうです。たしかに、言われたくない言葉ばかりですね。

さらに、**会話中には、次に話そうと思うことを頭のなかで反芻《はんすう》して、「自分が言われたらどう思うか」を考えてから口にする習慣をつける**といいでしょう。ちなみにこれは、脳を活性化する会話テクニックでもあるので、認知症の予防にも効果があります。

元気で長生きできるということは、なるべく周囲に迷惑や世話をかけずに過ごすということ。つまり、孤独力が求められます。

もし、「人のご機嫌などとりたくない」と思っても、「自分自身の孤独力をつけるため」と思えばどうでしょうか。こうすると、いままでイヤでできなかったことも、素直にできるようになるはずです。

男は知っていることをしゃべり、
女は人に悦ばれることをしゃべる。

ルソー

話が長い人とは「また話したい」と思わない

ある年齢になると、「式」と名の付くところへ招待されて「一言お願いします」と頼まれることが増えます。

そんなときに心がけたいのが**「挨拶をできるだけ短くする」**という点です。内ポケットから原稿を出して読み上げることなどはしないで、場合によっては「○○さん、おめでとうございます」の一言で終えてしまってもよいくらいです。

これは、「自分がされたくないことは、相手にもしない」という行動パターンを守ることでもあります。前項②のコミュニケーションの秘訣の延長ですね。

誰もが、長い挨拶に閉口したことがあるはずです。もちろん、私も同じ経験を嫌というほどしていますし、したくないと思っています。だから、自分では絶対にやるまいと考え、実践しているのです。

しかし残念ながら、年齢が高くなればなるほど、挨拶も長くなる傾向があります。これは、上位の者が下位の者の行動を支配すべきという考え方に基づく行動パターンと考えられます。つまり、**「私は上位者なのだから挨拶が長くなっても問題ない。下位の者は黙って最後まで聞くべき」という気持ちがある**ということです。

これは、「従属効果」という行動パターンなのですが、話の長短は、日常の会話にも見られます。つまり、年齢が上になればなるほど、自分が話す時間が長くなりがちなのです。

でも、コミュニケーションは会話のキャッチボールをうまくやらなければ成り立ちません。本来は、**話す時間と聞く時間が半分ずつが好ましい状態**でしょう。

多くの箴言《しんげん》を残したラ・ロシュフコーも、「語り合ってみて理性も好感も感じられない人間が多いのは、自分の言いたいことで頭がいっぱいで、相手の言葉に耳を貸さない連中が多いからだ」と語っています。他人との関係がうまくいかない、友だちが離れていく、という悩みを持っている人は、この言葉を思い返してみるとよいでしょう。

こんなことで敬遠されたくなかったら、まずは**話の主語を「私は」ではなく「あなたは」に変える**ようにしてみてください。すると、「話を聞かされてばかりでうんざり」という相手の気持ちが和らぎますし、会話も引き出しやすくなります。

これに加えて、相手が関心を持っている事柄について話すように心がけるのも効果的です。

「それって○○なんですか？」「詳しく教えていただけますか」などと、教えを乞《こ》うような言葉を使うと、前に紹介した指導欲求が満たされて、相手は心地よくしゃべってくれるはずです。

言うべきときを知る人は、黙するときを知る。

アルキメデス

しゃべるより、聞くほうが大事

人はさまざまなことに快感を覚えます。とりわけ「誰かに話を聞いてもらう」というのは、とても強い快感を得られることです。

その証拠に、どのカルチャースクールでも「話し方教室」が人気です。みんな自分の話を聞いてもらいたいのでしょう。一方で、「聞き方教室」という講座はほとんど見かけませんね。

ところがいざ探してみると、話を聞いてくれる人はなかなか見つかりません。仕事から離れて、社会とのつながりが少なくなったシニアはなおさらでしょうし、カウンセラーを訪ねればお金がかかります。

知人や友だちでは、しゃべりたいのはお互い様なので、「知り合いがいること はいるけれど、話の腰を折ってすぐ自分のことを話し始めるので、閉口する」という人も多いようです。あげくの果てに、「詐欺だとわかっていたが、話を聞いてくれるので騙《だま》され続けた」というシニアもいるほどです。

それならば、たまにはあなたが聞き上手になってはどうでしょうか。もちろん、無理をしてやることはありません。知り合いや友だちが欲しい、この人と親しくなりたいというときだけ、聞き上手になってみればいいでしょう。

聞き上手になるコツはとても簡単です。たとえば「うちの娘は九州に嫁《とつ》いでいるので、孫にもめったに会えないんですよ」などという話が始まったら、**「そうなんですか」「なるほど」と、相づちを打ったり、首を上下に動かしてうなずいてあげる**のです。これだけで、相手は快感を覚えてどんどん饒舌《じょうぜつ》になっていきます。

「そんな簡単なことでうまくいくだろうか」と首を傾《かし》げる人もいるでしょうが、相づちとうなずきの効果は、面接を模した心理学実験でも証明されています。面接官がうなずいた場合、その回数が増えれば増えるほど、受験者たちの発言量が増えるとわかっています。

たとえどんな関係でも、話し手は聞き手がうなずいてくれると、「私の話を聞いてくれている」と安心して饒舌になるのです。

前にも話しましたが、シニアのなかには自慢話が大好きという人がいます。こういう人とは、あまり親しくなりたいと思わないでしょうが、ときには「この人がキーマンだから、気に入られておいたほうがよい」ということもあるはずです。

こういう人とうまくやるのは、実はとても簡単です。

自慢話が始まったら、「さすがですね！」「すごいですね！」などと合いの手を入れるだけで、相手は上機嫌に。しかも、自分の話を楽しそうに聞いてくれた人を実際よりも高く評価する傾向があって、その人はあなたを「誠実な人」「心の温かな人」と思い込んでくれると思います。

幸福になりたいのなら、
まず、人を喜ばせることからはじめたまえ。

マシュー・プリオール

人の気持ちが読み取れないのは完全にアウト

私の知人で、2年前まで学校の先生をしていた女性がいます。1年前、ご主人に先立たれてしまい、かなり落ち込んでいたのですが、ときどき会って話をしているうちに、友だちづくりの失敗談を話してくれました。

「たくさんの教え子やかつての同僚も心配して訪ねてきてくれたことが、とても心の支えになりました。おかげで、ようやく前向きな気持ちになれました。そこで、新しい友だちをつくってみようと思って、近所で開催されるシニア向けのイベントに参加しました。何回か参加するうちに、ようやく『この人と友だちになりたい』と思える人に巡《めぐ》り合えたんです。自己紹介から始めて無難な話題をするのに留《とど》めていましたが、スポーツの話になったときに、『実は、私は高校・大学と体操をやっていたんです』と言ったところ、急に返事をしてくれなくなって。

聞こえなかったのかなと思って、『ところで、○○さんはどちらの大学ですか？』と聞いたとたん、席を立ってしまいました。

後で聞いたのですが、○○さんは経済的な理由で大学へ進学できず、高卒で就職してずいぶんと苦労したんだそうです。そんな人に『どちらの大学ですか？』と聞くなんて、我ながらデリカシーのかけらもありませんよね」

人は誰でもコンプレックスに感じていることがあります。学歴はその最たるものではないでしょうか。そこに触れてしまったのは、たしかにデリカシーのない行動でした。

このようなミスで大切な友人や友人候補を失ってしまうことがあります。それを防ぐために考えたいのが「コンプレックス指標」です。

コンプレックス指標とは、話したくない内容に関する質問を受けると、答えるまでの時間（反応時間）が長くなる現象で、精神科医カール・グスタフ・ユング博士がカウンセリング中に発見しました。

触れられたくないと思っている質問ほど回答が遅くなる傾向があり、コンプレックスの核心を突かれると、無反応（なにも答えない）になる場合もあります。

ほかにも、**「返事をしないで苦笑いを浮かべる」「こちらの質問を繰り返す」「見当違いな返事をする」**などもコンプレックス指標が高いことをあらわす反応です。

相手がそんな素振りを見せたら、話題を変えることをおすすめします。

声の調子や目つきや姿のうちにも、
取捨選択した言葉に劣らない雄弁がある。

ラ・ロシュフコー

「思いどおりにいかないとキレる」のは恥ずかしい

人は誰でも、加齢とともに体のあちこちが衰えていくものです。なかでも聴覚は、20歳頃から早くも衰え始めます。**60歳代では3～5人に1人が加齢性難聴を発症し、聞こえづらさを感じるようになる**といわれています。

このように耳の機能が衰え始めると、どうしても声が大きくなりがちです。自分がどの程度の声（の大きさ）を出しているかを、耳で確認しながらしゃべっているからです。つまり、自分の声が聞こえづらい→もっと大きな声を出さなければならない、と勘違いしてしまうのです。

また、それ以外にもシニアが大きな声を出しがちな理由があります。それは脳の老化です。

最初に老化し始める脳の領域は、感情のコントロールなど高次の精神活動を司《つかさど》っている脳の前頭葉《ぜんとうよう》という部分です。つまり、加齢とともに感情のコントロールが難しくなり、些細なことに腹を立て、大声を出しがちになるわけです。

聴覚の衰えによって声が大きくなるのは、ある程度やむを得ないのですが、感情の老化に支配されて大声を出すのは恥ずかしいものですし、あなたの評価も大きく落としてしまいます。その結果、周囲に疎《うと》まれて孤立を招くことにもなりかねません。

そこで、**感情が波立ってきて我慢できなくなりそうになったら、トイレへ駆《か》け込んでみてください。**

たとえば役所へなんらかの手続きに行くと、専門用語を並べたてられたり、「必要書類が不足しています」「書き方に不備があります」などと言われてイライラすることがあります。その気持ちはよくわかります。でも、そこでカッとして大声をあげれば、品位を疑われるだけですから、なにも言わずにその場を立ち去ってトイレへ駆け込みましょう。

怒りという感情は人間の基本的感情のひとつで、脳の大脳辺縁系《だいのうへんえんけい》という部分で湧《わ》き上がります。その怒りを抑制してくれるのが前頭葉ですが、困ったことに大脳辺縁系は前頭葉よりも老化しづらく、しか

も素早く反応するという性質を持っています。
怒りにまかせて問題を起こした人の多くが、後になって「あのときは、ついカッとしてしまって」「申し訳ないことをした」などと後悔するのも、前頭葉の反応が遅い証拠です。そこで、トイレへ駆け込むことによって、このように反応が遅い前頭葉のために時間を稼いであげるわけです。

できれば、個室に入って便座に座り、深呼吸するといいでしょう。人は狭い空間にいるほうがリラックスできて、怒りの感情を制御しやすくなりますし、深呼吸によって大量の酸素が脳に送られると、前頭葉の働きもよくなります。
いきなり目の前からあなたが消えれば、相手も「自分に落ち度があったのだろうか」と考えるでしょう。席に戻ってからは、両者が落ち着いてスムーズに手続きを進められるはずです。

叡智、これは怒り狂った判断を克服した徳である。

アラン

下ネタジョークはもういらない

性的なことや、うんこ・おしっこなどの尾籠《びろう》なことを題材にした笑い話を「下ネタ」といいます。ちなみに、インターネットリサーチの「Qzoo（キューズー）」の調査によると、「チャンスがあれば下ネタを言いたい」と思っている男性の割合が最も高いのは、10歳代だったそうです。

「若い頃は性に対する興味が強いから、仕方ないよね」と理解を示せるかもしれませんが、次に割合が高かったのは、なんと60歳代だったというのです。しかも、その割合は24・7%。つまり、**シニア男性の4人に1人が「チャンスがあれば下ネタを言いたい」と思っている**というのですから、驚くというか、呆《あき》れるというか……。

人が下ネタを披露する動機は、「人間関係の距離を縮めたい」「みんなに注目されたい」「相手の恥ずかしがる様子を見たい」の3つといえるでしょう。しかし、どれも思い違いというか、間違った考えと言わざるを得ません。

たとえば1つ目の「人間関係の距離を縮めたい」という動機ですが、男性の場合、親友や親しい同僚と下ネタで盛り上がることはたしかにあります。しかし、それはすでに距離が近い人だから許されることで、下ネタを口にしたことで距離が縮まるということはめったにありません。

2つ目の「みんなに注目されたい」という動機は、たしかに達成できるかもしれません。とくに場違いなところで下ネタを言えば、みんなの注目が集まることは確実です。しかし、それは驚きや軽蔑《けいべつ》による注目で、シニア男性が欲している「尊敬されたい」という注目とはまったく違います。

それは、前出のアンケートで**「下ネタを聞くと不快な気持ちになる」と答えている60歳代の割合が男性で26%、女性にいたっては50・6%に達している**ことからも明らかです。

3つ目の「相手の恥ずかしがる様子を見たい」という動機が間違っていることについては、ここで触れるまでもなく、セクハラ行為ととらえられる場合もありますから、絶対にやめてください。

これに加えて、照れ隠しや場を盛り上げるために下ネタを使うという人もいるようですが、これも前述のアンケート結果を見ると逆効果になる可能性が高く、やめたほうがいいでしょう。

毎日、自己の嫌いなことを二つずつ行うのは、
魂のためによいことだ。

サマセット・モーム

第6章 そのしぐさ・態度が老化のサイン

こんなクセ、
ついて
いませんか？

怒りっぽくなってきたら危険信号

前章でも述べましたが、加齢とともに最初に老化し始める脳の領域は、感情のコントロールなどを司《つかさど》る前頭葉《ぜんとうよう》という部分です。ところが、怒りの源である脳の大脳辺縁系《だいのうへんえんけい》という部分はなかなか衰えません。そのため、誰でも加齢とともに怒りの制御が難しくなっていきます。

これを「感情の老化」と呼び、早い人では40歳代から始まると考えられています。キレるシニアが問題になっていますが、それは特定の人だけではなく、誰にでも起きる可能性があるというわけです。

残念ながら、感情の老化を完全に防ぐ方法は発見されていません。しかし、遅くする方法ならいくつかあります。

たとえば、早起きもそのひとつ。脳内物質のひとつのセロトニンは、精神活動に大きな影響を与える重要な物質で、不足すると感情の制御がうまくいかず、ストレス耐性が弱くなります。つまり、怒りっぽくなるということです。

ところが、**セロトニンには、朝日を浴びると分泌量が増加する性質がある**とわかっています。早起きをして朝日を浴びる習慣をつけておけば、セロトニンが増えて感情を制御しやすくなるというわけです。

ビタミンCの摂取もおすすめです。**抗ストレスホルモンの合成にはビタミンCを大量に使用する**からです。

ところが、なぜか人間は体内でビタミンCをつくることができません。そこで食品やサプリメントで摂取しなければならないのですが、多くの人が不足気味です。とくに、外食が多かったり、インスタント食品を食べる機会が多い人は、ビタミンCが不足しがちです。

こうした状態でイヤな出来事に遭遇《そうぐう》すると、抗ストレスホルモンを十分につくることができず、イライラが加速してキレる可能性が高くなります。

ですから、普段からビタミンCを多く含む食品を摂るようにして、さらにできればレモンを丸のままガブリとかじって出かける習慣をつけてはどうでしょう。

レモンはトップクラスのビタミンC含有量を誇っていて、1個でビタミンCの一日の推奨量を摂取できますから、外でストレスを受けることがあってもイライラせずにすみます。

しかも、レモンをかじると、口のなかに刺激的な酸味が広がり、くたびれがちな心身をシャキッとさせてくれるはずです。

腹が立ったら十まで数えよ。
うんと腹が立ったら百まで数えよ。

ジェファーソン

何歳になっても清潔感のある人でいよう

シニアのなかには、「嫌われ者になっても気にしない」と考える人がけっこうな割合でいます。このように**「周囲からどう思われていても気にしない」という**

気持ちになるのは、公的自己意識が低い証拠です。

実は、このような考えでいると、だんだんすべてのことに無気力・無関心になっていきます。これは脳や感情の状態が衰えているということで、最終的には、生きる気力さえ失ってしまうとされています。

事実、孤独死をした人の部屋にはゴミが散乱していて、掃除をした様子が見られないことが多いそうです。公的自己意識が極限まで低下した結果、ゴミ捨てや掃除など、生活の基本的なことができなくなり、やがて生きる気力まで失ってしまったというわけです。

ここまでいかなくても、モノが捨てられず、家のなかが不要品だらけという人は少なくありません。このような状態が続くと、掃除がしにくく、室内の通気が悪くなるため、ホコリがたまったりカビが発生しやすくなります。

高齢になると抵抗力が衰え、若いころならなんでもなかった程度のホコリやカビでも体調を崩したりします。**厚生労働省の調査によると、肺炎は全死亡原因の**

5位ですが、シニアにかぎると死亡原因の3位です。「たかがホコリやカビ」と軽んじてはいけません。

さらに、家のなかが散らかっていると、転倒の危険も高くなります。国民生活センターの調査によると、シニアのケガのうち約63％が住宅内で起きていて、道路を歩いているよりも家のなかのほうが危険です。

どんなに年齢を重ねても、仕事を離れてからも、適度な公的自己意識を持ち続けることは大切です。

適度な公的自己意識は努力や創造性につながり、脳や感情の状態を健全に保つため、心の動きが鈍くなりがちなシニアにとっても好ましいのです。「こざっぱりしたシニア」や「清潔感のあるシニア」こそ、自立した人といえるでしょう。

自分の公的自己意識が低下していないかどうかを確認するのは簡単です。**一日に何回くらい鏡を見ているか、数えてみてください。**公的自己意識のレベルは、鏡を見る回数に比例するとされているからです。

「オリコン」がおこなったアンケート調査によると、男性が1日に鏡を見る回数で最も多かったのは「1～2回」で、「5～6回」までで全体の8割を占めていたそうです。仮に1回も鏡を見ない日が続いていたら、危険水域です。鏡をのぞき込んで、無精《ぶしょう》ひげが生えていないか、目やにが残っていないかなどを確かめ、他人に見られても恥ずかしくない服装を心がけましょう。

ただし、あなたが男性で、1日に7回以上鏡を見ているとしたら、逆に公的自己意識が高すぎるかもしれません。そんな人は、見栄っ張りの嫌われ者になっていないかどうか確かめたほうがよさそうです。

諦めは日常的な自殺である。

バルザック

「～すべき」で自分を縛らない

いままでに何度か、「自己スキーマ」という考え方について触れてきました。

加齢とともに自己スキーマは強くなっていきます。

よく「歳をとると頑固になる」と言いますが、まさにこれが自己スキーマが強くなっている状態で、自分の価値観に固執《こしつ》してしまうのです。

自分に都合のよい考え方が強くなっているかどうかは、自分の言葉遣いに注目すればわかります。「〜すべき」という言葉を使う回数が多くなればなるほど、自分に都合のよい考え方（自己スキーマ）が強くなっている証拠です。

そもそも「〜すべきだ」というのは、自分勝手に思い込んでいる価値観にすぎず、他人に当てはめるのは間違っています。

当然、言われた相手もそう思っていますから、滅多に言うことを聞いてくれません。すると、「自分のことを軽んじるなんて許せない！」という怒りを感じるようになります。こんな怒りを他人にぶつけたら、疎《うと》まれて当然ですね。

世の中には、自分とは違う感じ方をしたり、違う価値観で生きている人がたくさんいます。それは当たり前なのですが、心が老化してしまうと、それを忘れがちです。

「～すべき」という言葉を使う回数が多くなっていると思ったら、客観的になるように心がけたほうがよいでしょう。そうすると、心も柔らかくなり若返るはずです。

ちなみに、「～すべき」という言葉を頻繁に使っていると、自分に対しても、「～すべきなのはわかっているが、それができない自分を認められない」という心理状態になりがちです。これは、自分がダメな人間のように思えるということで、うつ病のきっかけにもなります。

ですから、「～すべき」という言葉を捨てて、周囲の人のことも、自分のことも、「あるがままの状態」を受け入れてほしいと思います。

また、「〜すべき」とともに、周囲に敬遠されがちな話が精神論や根性論でしょう。「売り上げが伸びないのは、やる気が足らないからだろう」というような話です。

しかも、精神論や根性論を口にする人は、自分の経験ではなく「西鉄ライオンズで活躍した稲尾和久投手は、手こぎ船で荒海を渡って肩を鍛えたんだ」などと、他人の努力を、さも自分がやったようにすり替えて語ることがあります。

これでは相手の心に響くことはなく、ただ敬遠されるだけですから、やめておきましょう。

事実というものは存在しない。
存在するのは解釈のみである。

ニーチェ

恋愛に年齢は関係ない

前に、「妻に先立たれたシニア男性は早死にする傾向がある」と紹介しました。

こんな傾向が見られるのは、一般的なイメージに反して、女性よりも男性のほうがストレスに弱いためと考えられています。

それは**シニア男性のうつ病発症率がシニア女性の2倍も高い**というデータからもわかります。シニア男性は「自分一人が取り残されてしまった」と強いストレスを感じ、それに押しつぶされてしまうのです。

こうした悲しい状態で人生を終わらせないためには、新しい愛を見つけることです。もちろん、シニア女性も同じです。統計を見ても、女性は男性よりも長生きする可能性が圧倒的に高いわけですから、一人になったらどんどん新しい恋をしたほうがいいのではないでしょうか。

「いい歳をして……」と、眉《まゆ》をひそめる人がいますが、一人でいる男女が恋愛相手を求めるのは自然な現象です。「独身でいること＝孤独力」というのは勘違いですし、いくつになっても男と女は（もちろん同性でも）磁石のS極とN極のように引き合いますから、その自然の摂理にもっと素直になっていいと思います。

もうひとつ恋愛をすすめる理由があります。**恋愛にはドーパミンの分泌《ぶんぴつ》量を増やしてくれる働きがある**からです。

ドーパミンには脳を元気にしたり、感情を豊かにする働きがあります。恋をすると、いくつになっても気分が高揚《こうよう》するもの。こんな気分でいれば、些細《ささい》な出来事でキレることもなくなるでしょう。

ただし、相手に嫌われては困ります。では、どうすれば嫌われずにすむか。これについては、熟年向けのお見合いイベントをプロデュースしている人の話が役に立つと思いますので、紹介しておきます。

まずシニア男性が注意しなければならないのは、**失った伴侶《はんりょ》のことを引きずりすぎないこと**だそうです。新たな恋人（候補）とデート中でも、「死んだ妻は……」「彼女なら……」「妻が生きていればいまごろ……」という話ばかりする人が多いとか。これでは嫌われてしまうはずです。

シニア女性の場合には、**相手を詮索《せんさく》しすぎないこと。**最も嫌われるのは、初対面から収入や財産、家族関係などを聞きたがる人だそうです。

たしかに、老後を快適に過ごすためにはある程度のお金が必要ですから、相手の財力を知りたい気持ちもわかります。でも、その点にばかり質問が集中すると、「お金目当て」と思われてもしかたありません。

お見合いイベントや老人ホームなどで出会った人にトキメキを感じたら、この点に注意して、告白してみましょう。もちろん、断られることもあると思います。しかし、思い切って打ち明ければ、「あのとき告白しておけばよかった」という後悔だけは残さずにすむはずです。

せつなる恋の心は尊きこと神の如し

樋口一葉

他人の暮らしにズカズカ踏み込まない

夫と2歳の子どもと三人暮らしをしている30代の女性の話です。

夫の実家が同じ市内にあり、以前から義理の両親とは行き来がありました。でも、お義父さんが亡くなって一人暮らしになったとたん、お義母さんが毎日のように訪ねてくるようになったのです。

最初のうちはさびしいから仕方がないと思っていたのですが、そのうちに夫や彼女の下着を買ってきたり、子どもに高価なおもちゃを買い与えたりすることも。お義母さんに下着を買ってもらうのはちょっと複雑な気持ちで、子どもを甘やかされるのも困るので、「やめてほしい」と言ったそうですが、「せっかく買ってきたんだから、使って」と無理強いされて困っているとか。

このようなお節介《せっかい》をしてしまうのも、お義母さんの自己スキーマが強くなっている証拠です。一人暮らしになってさびしいという気持ちもわかりますが、お嫁さんに「やめてください」と言われたら、すぐにやめなければいけません。

このように厳しいことを言うと、「息子やお嫁さんのことを思ってやっているんだから」「孫に喜んでほしいから」という言い訳が返ってきます。

しかし、**親が子どもの生活に介入する場合、無意識のうちに、「子どもや孫を自分の思い通りにしたい（支配したい）」という気持ちがある**ものです。

子どもが幼いころなら思い通りに支配できたかもしれませんが、成人して自分の家庭を持った相手に対してそのように考えても、絶対にうまくいきません。それでも干渉《かんしょう》や支配をしようとすれば、おそらく出入り禁止にされてしまうでしょう。

それは自分が干渉や支配をしようとしたために起きた結果なのですが、子どもや孫に会えなくなるのは悲しいですし、孤立を招きます。こうしたことにならないように、適度な距離を置いて生きられる孤独力を身につけてほしいと思います。

もうひとつ、シニアがやりがちなお節介が、余計な一言です。前に、コミュニケーション能力をつけるコツとして「自分がしてほしいことを相手にしてあげる」と紹介しました。

その代表がほめること。周囲の人が素敵な服を着ていたり、髪型を変えたとわかったら、真っ先にほめてあげるのです。ほめられてイヤな気持ちになる人はいませんから、とてもよいコミュニケーション方法です。

しかし、**調子にのって「ネクタイは違う柄のほうがいいね」「もう少し髪を伸ばすとより素敵」などと一言を付け加えるのは「余計なお節介」**になります。

そもそも評論家ではないのですから、他人を批評する資格などありません。誰だって、素人にとやかく言われたらイヤな気がするはずです。ただ「素敵」とだけ言ってほめればいいでしょう。

本当に心の底から出たことでなければ、
人の心には決して訴えないものだ。

ゲーテ

他人の親切を「受けとり拒否」してはいけない

「駅すぱあと」という乗り換え案内サービスを提供しているヴァル研究所の2016年の調査によると、「優先席以外でも席を譲るべき」と考えている人の割合は、およそ57%。半分以上ならまぁまぁと思っていたのですが、前回(2013年)の調査結果では76%。わずか3年で約19%も「譲るべき」という人が減ったことになります。

この理由として考えられるのが、**「席を譲ろうとしたときに断られた経験がある」という人が61%もいる**こと。しかも、この割合は前回の調査より9%も増えていて、「席を譲ろうとして断られた経験があるから、譲ろうと思わなくなった」という人が多いようです。

断られただけならまだましで、「バカにするな!」などと怒られたという人もけっこういるのです。

善意で席を譲ろうとしたのに、シニアがこのような反応をしてしまうのは、多くの場合、「どうぞ」という言葉に原因があるようです。現役を退いてから「尊敬されなくなった」という思いに駆《か》られていると、**「どうぞ」という言葉が善意で出ていると思えず、蔑《さげす》まれていると感じてしまう**ようなのです。

しかし、言うまでもありませんが、席を譲ろうとする人に「バカにしてやろう」とか、蔑む気持ちなどありません。純粋な親切心から出た言葉ですから、素直に受け入れてほしいものです。

「他人に甘えず生きていこうとしている」と主張する人もいるでしょう。たしかに立派な考え方です。でも、そんな様子は周囲から見ると、年寄りのやせ我慢にしか見えません。そもそも、**救いの手を拒絶するのは孤独力ではなくて、さびしい「孤立」です。**

あらゆることを誰にも頼らずにやろうと考えていると、必ず「孤立」という限界が来ます。どんなに器用な人、元気な人でも孤立しては生きていけないのですから、親切は素直に受け入れましょう。

人を信用できないことに勝る孤独など、
存在するだろうか。

ジョージ・エリオット

もっと頼っても、甘えても許してもらえる

日本人の心得として「人に甘えるな」とよくいわれます。

たとえば、仕事の場合、厳しいのは当然です。若手だろうとベテランだろうと、それぞれの役割分担があります。社会人ですから、当然、責任もともないます。

チームで動いている仕事なら、誰か一人にでも甘えがあれば、全体の流れに支障をきたすこともあるでしょう。

しかし、誰だって苦しいときはあります。そんなときに、嘆いたり、グチったり、弱音を吐いたりするのを周囲から「甘えだ」と言われてしまったら、自分だけが孤立したように思えてしまいます。

もちろん、どんなに苦しくても、それに耐えて、乗り越えていくのは立派です。しかし、すべての人が、そうできるほど、たくましいとはかぎりません。

誰かに甘えることで、苦しさがやわらいだり、少しだけでも元気が戻ったりするのなら、ときには甘えたっていいはずです。

一見「孤高の人」に見えるような人でも、「苦しいときやつらいときに、甘えられる相手がいる」というケースがあります。

トラブルに見舞われ、追いつめられていても、「こんなときは、あの人と会って話をしたい。いまの情けない気持ちを、思い切りぶつけてみよう」、そんな相手がいれば心強いでしょう。

情けない自分、だらしない自分、わがままな自分、みじめな自分……それをさらけ出せる相手がいれば、あなたは孤独ではありません。

もし「そんな人はいない」というのならば、いまから見つけてはどうでしょうか。仕事の大変さを理解してくれる人でもいいし、まったく違う世界の人でもかまいません。年齢も、同世代にかぎるものではないでしょう。

「人間いろいろで、なかにはとんでもないクレームをつけてくる人もいるんだ。胃に穴が開くんじゃないかって、本当に思ってしまう」

そう話したときに、「それは大変だね。言いたいことがあったら話して。なんでも聞くから」と受けとめてくれる相手がいれば、ホッとできるはず。

「そんな相手がどうしても見つからない」という人は、自問自答してください。自分を叱咤激励《しったげきれい》するのではなく「私は、よくやっている。えらい！」と自分で自分をほめてあげればいいのです。


一人の強い男より、二人の弱い男のほうが、よい結果を掴む。

アラブの格言

「まあ、いいか」で執着を手放す

「シニアになっても友だちづくりや恋人づくりを続けてほしい」と話してきまし

た。その注意点として「深追いしないこと」を挙げましたが、残念ながら、これがうまくできないケースがよくあります。

深追いしすぎるとストーカー行為という犯罪になりますが、警察庁の資料によると、ストーカー行為をしたと認定された60歳以上のシニアが激増中だそうです。

シニアがこんなトラブルを起こすのには、自己スキームが関係しています。「自分が好きなのだから、相手も自分を好きなはず」と、自分に都合よく思い込んでしまうわけです。

「好き」と思い込むならまだましで、相手の側にはまったく恋愛感情がないにもかかわらず、「相思相愛」と勘違いする人もいます。コンビニのレジの女性に親切にされたのを「愛」と勘違いし、つきまとった人もいるのです。

勘違いをするのは主に男性で、女性に比べて「ライク（好き）」と「ラブ（愛）」の区別が苦手なために起きるようです。

「好き」と「愛」の違いについては、心理学者のルービン博士が次のように語っています。

「好きとは、相手を尊敬したり、自分と似ていることを喜ぶ感情」

「愛とは、相手につくしたい・つくされたい、一緒にいたい、相手を独占したいという感情」

ただし、「独占したいと思っているから、私たちの関係は愛だ」と考えるのは尚早《しょうそう》です。あなたの気持ちは愛かもしれませんが、同じように相手が思っているかどうかはわかりません。

ところが、**男性は「従属効果」という行動パターンにより、「男性のほうが地位が上だから女性が従って当然」という気持ちが強い。**したがって「私がこんなに愛しているから、応えてくれて当然」と、自分に都合のよいように考えがちです。

そのうえ、相手が拒絶すると「プライドが傷つけられた」と思い込み、その結果、ストーキングという嫌がらせ行為で自分のプライドを回復しようとする人もいます。

しかし、相手に拒絶されたら絶対に深追いをせず、「まあ、いいか」と素直にあきらめることも大切です。

それが難しい人は、「晩節《ばんせつ》を汚《けが》す」という言葉を思い出してください。いままで築き上げてきた信頼や尊敬をすべて失うことになりかねません。

「自分がやろうとしていることは、それほど価値があるものなのか」

と自問自答すれば、冷静になれるはずです。

未練が老醜のはじまりではないだろうか。

中野重治

第7章
いつも上機嫌でいられる

不機嫌に
歯止めを
かけよう

ネガティブな言葉を使わない

ちょっと食が細くなっただけで、「もう歳だから」「老い先短い証拠よ」などと言ったり、快眠できないと「このままだと睡眠不足で死んでしまう気がする」「夜が来るのが怖い」と悲観的なことを言うシニアがいます。

年齢を重ねると心身は確実に衰えていきます。それを実感すれば、誰でも多少はネガティブな言葉を口にするようになるでしょう。

ただし、あまりにもネガティブな言葉が多くなりすぎると、聞かされる周囲はストレスを感じます。そんな人とは距離を置きたいと避けられるようになった結果、だんだんに孤立を深めていくようになるのです。

反対に、物事をポジティブに解釈できれば、明るい生き方ができるでしょう。

たとえ「食が細くなった」と感じても、「無理せずにダイエットができるかも」と喜んだり、「食費がかからなくなってラッキー」と考えればいいでしょう。快眠できなくても体調が悪くないなら、「使える時間が増えてうれしい」と考えればいいではありませんか。

「単なる口癖」でネガティブな言葉を口にする人もいますが、ネガティブな言葉を使う頻度が高くなると、次第に気持ちが落ち込んでいき、場合によってはうつの症状に至ることもあります。これが「ネガティブスパイラル」です。

ケンタッキー大学のデボラ・ダナー博士の研究では、**ネガティブな考えが強い人は、ポジティブな考え方の人よりも短命な傾向がある**とわかっています。

1930年代にある修道院に在籍していた180人の修道女たちの自叙伝を分析して導き出した結果ですが、ネガティブな考えが強い人は、ポジティブな考え方の人より10年も寿命が短かったそうです。

ネガティブな言葉の代表といえば、「たら」「れば」「どうせ」などでしょうか。
「たら」「れば」に続く言葉は、いまさら考えてもどうにもならないことが多く、

「どうせ」に続くのは自分を否定する言葉でしょう。
「どうせ」には自分を正当化しようとする気持ちまで見え隠れして、聞かされた人を不愉快にさせます。ふだんから使わないように心がけてほしいものです。

もし。なんと空しい二文字であろう。

シドニィ・シェルダン

いい加減にできる人になろう

物事に一所懸命に取り組む姿が正しいことは言うまでもありません。しかし、年齢を重ねれば、がむしゃらにやってきた若いころにくらべて体力は落ちてきます。その代わりに、これまで重ねてきた経験がものをいうわけで、それを「ゆとり」としたいところです。

ベテランの域に達しても「とことんがんばらなければ、完璧な結果は得られない」と考える人もいます。頑張ることも、そこからもたらされる結果も、完璧でないと満足できないタイプです。
しかし、完璧ということが頭から離れない人は、それがうまくいかなかったときには自分を責め、落ち込むようになりがちです。

つねに完璧を求めるというのは、たとえてみれば、いつも自分の心を張り詰めた状態に置いていること。

それがままならないとなると、仕事でもプライベートでも不満や不安を抱えるようになり、生きることそのものが「こんなはずじゃなかったのに……」となってしまうでしょう。
ここで、琴《こと》の糸やギターの弦《げん》を想像してみてください。音程を調《ととの》えるために糸や弦を張って調節しますが、無理に張ったら、ちょっとした衝撃で切れて

しまいます。完璧主義の人の心には少しもゆとりがありませんから、張り詰めた糸や弦のような状態で、かえって危なっかしいのです。

人間は誰でも、挫折《ざせつ》や失敗を経験しながら生きていくもの。気持ちを張り詰めすぎると、ちょっとした挫折や些細《ささい》な失敗でも壊れてしまいます。それを防ぐためには、心の糸を、ほどよい加減、いわば「いい加減」に張っておくことが必要なのです。


ここでいう「いい加減」とは、どうでもいいとか、中途半端という意味ではなく、ほどよい加減ということです。何事においても加減が重要なのは「手加減」「さじ加減」といった言葉からもわかるでしょう。

手加減は、対人関係で大きな意味を持っています。相手の状況や心情を考えて加減するからこそ、スムーズな関係、いい関係ができる場合があります。手加減なしに相手を追いつめればいいとはいえないわけです。

さじ加減は、もともと薬の調合に関する言葉です。どんなにすぐれた薬でもさじ加減を間違えたら効果がないという意味で、さじ加減ひとつで薬は妙薬《みょうやく》にもなるし、まったく効かない薬にもなる、ときとしては毒にもなりかねないという話です。

「あの人はすごくバランス感覚がいいね。仕事がやりやすいよ」

そんな評価を得ている人は「いい加減」を心得ているといっていいでしょう。

つまり、**いい加減にできるということは、バランス感覚にすぐれているということです。**

仕事も人間関係も、バランス感覚がないとうまくいきません。いい加減にしてみることで、それが磨かれていくのです。この「いい加減」を身につければ、人間関係の達人になれるかもしれません。

強く張りすぎた弓の弦は切れやすい。

プブリリウス・シルス

自分を客観視することで救われる

喜怒哀楽、一喜一憂……人は日々刻々、感情とともに生きています。どんなに冷静な人でも感情そのものを抑えることは不可能でしょう。

しかし、自分自身の心の動きを、少し離れたところから見すえることは可能です。つらいと思ったときでも、うれしくてたまらないときでも、自分自身を客観視して見るということです。そうすると、いまの自分を主人公にしたドラマを見ているような気持ちになってきます。

ドラマなら、主人公が困難にぶつかり、不条理なことを言われ、やり場のない怒りやこらえきれない悲しみにくれることがあっても、「きっと最後にはハッピーエンドになるはずだ」と思って見ていませんか。それは客観的に見ているからでしょう。

ドラマだけでなく、人生もそう悪いものではありません。ある人は「人生の幸（プラス）と不幸（マイナス）は、最終的にプラス・マイナス・ゼロになる」と語りました。誰の人生でも、いいときもあれば悪いときもあります。

いま「こんなにつらいことはない」と悲嘆にくれていても、長い年月を経た後、「あれはあれで、いい経験だった」と思える日がくるのではないでしょうか。

そのためにも、持つべきは「少し離れたところからの視線」なのです。

渦中《かちゅう》にいると、どうしても「自分だけがつらい思いをしている」「なぜ、こんな目に遭わなければならないのか」と思いがちですが、それをドラマのワンシーンと思えれば、きっと救われるはず。

「超えた次元」から自分自身を見ることを、専門的には「メタ認知」と呼んでいます。わかりやすくいえば、自分で自分の考え方をモニターしているようなもの。

異なる視点から自分を見つめると、冷静になり、安心感も生まれてきます。

そもそも、人の悩みは「この先、どうなるのかわからない」という不安から生まれます。その不安で脳はパニックを起こし、安定を失い、本来備わっている機能までもフル活用できなくなってしまうのです。

ところが、ちょっと離れた視点から自分を見つめると、つまり、客観視すると、現状がそれほど絶望的なものではないように見えて、脳が安定を取り戻します。

自分で自分を見つめる方法として、最も手っ取り早いのは、自分に向かって、「○○さん」と名前で呼びかけてみること。「○○さん」に質問し、「○○さん」に答えさせるという対話をしてみてください。頭のなかで自問自答しているよりも、明快な答えが見つかるはずです。

> 人生はクローズアップで見れば悲劇だが、
> ロングショットで見れば喜劇だ。
>
> チャップリン

さびしさと向き合うことから始めよう

仕事をしていても、家族と一緒にいても、「さびしい」と感じることがあるでしょう。気がつくとため息が出たり、自分だけが世の中から取り残されてしまったような、なんとも言えない不安な気持ちになったり……。

60歳を過ぎると、そうした気持ちになる人が増えます。気を紛《まぎ》らわそうと、いつもより飲みすぎてしまったり、大して欲しくないようなものを衝動買いしてしまったりする人もいるようです。

楽しいお酒やショッピングはたしかに気分転換には有効ですが、さびしさを消そうとするためだけに飲んだり買ったりすると、かえってみじめな気持ちになってしまうのではないでしょうか。

そもそも、「さびしさ」とはどんな感情なのでしょうか。

年齢によっても「さびしさ」の感じ方は異なりますが、とくに55歳から60歳くらいの人が感じやすいさびしさは、

「自分は活躍できていない。あるいは、もう活躍できなくなる気がする」

「自分がいなくなっても誰も困らないと感じる」

「周りの人から大切にされている感じがしない」

といった内容のものが多いようです。

さびしさは、あるはずのものや、あってほしいものが欠けていて満たされない気持ちですから、この年代のさびしさの原因は、現役として働く自分の価値が失われる不安や、大黒柱として家族から頼られていた責任が薄らいでいく心細さも、大きくかかわっていると考えられるでしょう。

「責任」が重すぎると、ときとして人の心を押し潰してしまうこともありますが、それが外れてしまうと、糸の切れた凧のようにふわふわと飛ばされてしまうような不安も生み出すのです。なくなるとさびしく、重すぎるとつらいもので、塩梅《あんばい》が難しいものです。

しかし、**人は生きている限り「責任」がなくなることなどありません。**親の庇《ひ》護《ご》のもとで暮らしている子どもでも、年齢に応じた責任を常に背負って生きています。

年齢とともに責任は変化し、それに応じて生き方も変わっていくだけ。さびしさを感じるのは、その変化にまだ気持ちが追いつけていないということでしょう。

また、「自分はさびしい」という気持ちにばかり目を向けていると、周囲が見えなくなり、どんどん自分を追いつめてしまいます。

もしあなたがいま、ふっと心のなかから「さびしい」という気持ちが湧《わ》いてきたら、それを無理に抑え込んだり、見ないようにする必要はありません。**「そうか、自分はいまさびしいんだなぁ」と、そのままの気持ちを受け入れてみましょう。**そして、そのさびしい気持ちに身をゆだねてみるのです。

もし、涙がこぼれるようなら、泣けるだけ泣いてみましょう。涙は心のデトックス。つらさも流してくれます。眠たくなったら眠ってしまうのも一つの方法でしょう。

そうやってさびしさとつきあっていると、次第にその感覚に慣れてきて、つらさが和らいできます。

季節の変わり目に体調を崩しやすいのと同様に、人生の節目に心が揺れるのはよくあること。感情に振り回されず上手につきあいましょう。もちろん、気軽な気持ちでカウンセリングの専門家を訪ねるのもいいことです。

涙とともにパンを食べたものでなければ、
人生の味はわからない。

ゲーテ

落ち込んだときは、素直に「助け」を求める

人間はもともと弱い生き物です。落ち込んだときくらいは弱い自分をさらけ出

し、ときには他人にすがって泣いてもいいでしょう。

「落ち込みやすいタイプ」の性格としてあげられるのが、いわゆる「がんばり屋さん」です。また、几帳面、真面目、神経質、完璧主義の人ほど落ち込みやすいといえます。ところが、**そういった性格の人ほど「人にスキを見せないことが正しい」と考えがち。**何事も完璧をめざし、がんばりすぎてしまいます。

そして、弱みを見せずに無理をしたあげくに、疲れ果てて、一人になったときにはどっと落ち込んでしまうわけです。

ケアマネジャーとして老人介護施設で働くTさんという女性がいます。

介護施設での仕事は、高齢者が相手で、常に神経をはりつめていないと務まりません。人に接する仕事ですから、わがままを言う相手にも笑顔で応えることが大切。それだけでなく、あれこれ雑務があり、残業も多く、およそ定時で帰れる生活など望めません。ようやく帰宅しても、仕事がら職場から問い合わせの電話がかかってくることも珍しくなく、24時間、気の休まるときがないほどでした。

がんばり屋さんの彼女でしたが、さすがに心身ともにクタクタになる日もあります。つまらないことで責任を負わされて、思わず涙がこぼれる日もあったそうです。「泣くとむしろスッキリして、新たなエネルギーが湧いてくるから」とは言うものの、それだけではどうしても気持ちがおさまらないときもあるそうです。

そんなときに彼女が電話をかける相手が、小さいころからの友人。Tさんが歩んできた人生をよく知っているので、Tさんが夜中にかけてきた時点で「ああ、まいっているんだな」とわかるそうです。

彼女は話をじっと聞いてくれるそうですが、アドバイスをくれるわけでも、励ましてくれるわけでもありません。**ただ話を聞いて、ときおり「Tはがんばっているよ」「えらいよ」とひと言かふた言。**

「私がどんなことを言っても『そうなんだ』ってちゃんと聞いてくれる。電話の向こうから手が伸びてきて、頭をなでてもらっているような感覚を覚えることもあるんですよ」

Tさんは、自分のことを包み隠さずに話せる相手がいることで、どれほど安心できたでしょう。きっと「ひとりじゃない」と思えることが、Tさんにとって孤独の心の支えになっているのでしょう。

一夜君と共に語る、十年書を読むに勝る。

程伊川

夜は後悔・自責・怒りが大きくなっていく

昼間の出来事でイヤな思いをして、そのまま帰宅して夜を迎えたが、どうしても頭から離れない……といった経験はありませんか。

ただでさえ、夜は昼間にくらべてテンションが下がりやすく、ネガティブ思考に陥りやすい傾向があるとされています。イヤなことがあった日は、なおさらネガティブ思考に拍車《はくしゃ》がかかるでしょう。

その出来事の原因が自分にあったとすれば、ああすればよかった、こうすればよかった……とさらに落ち込み、相手が悪かったとすれば、怒りが再燃してきたり、あるいはなにかもっといい手立てはなかっただろうかなど、考えが堂々めぐりするばかり。

ポジティブ思考の人なら「ああ、今日は最悪の一日だった。考えても仕方ない。今夜は眠ってしまおう。明日はきっといい日になる」と、さっさと夢の世界に行ってしまいます。いわば「リセットボタン」を押すことができるのです。

ところが、ネガティブ思考の人は、そう簡単にリセットできず、あれこれ考えて眠れなくなってしまいます。寝ようとすればするほど、昼間のイヤな出来事や仕事の案件、ときには忘れかけていたプライベートな問題まで頭をもたげてきて、ますます目が冴《さ》えてくるでしょう。

そんなときは、手段を選ばず、強制的に眠る態勢を整えることです。

たとえば、**ぬるめのお風呂にゆっくりつかったり、軽いストレッチをしたりして、眠りを誘《いざな》う**のもいいでしょう。

精神を安定させるために、好きな映画やドラマのDVDを見るという方法もあります。映画やドラマを見ていたら2時間くらいかかってしまう……と思うかもしれませんが、**眠れずに悶々《もんもん》としているあいだにも、2時間くらいはあっという間に過ぎてしまいます。**それならば、眠れないとイライラするよりも、楽しくリラックスタイムを過ごすほうがいいですよね。

女性なら、いつもより時間をかけたパックやマッサージなどで、お肌の手入れをしてみてはどうでしょう。「明日の朝の肌の調子はきっといいはず」と思えば、安眠できるでしょう。

もうひとつ、ちょっとした工夫があります。それ

は、**翌日に着ていく服を準備する**ことです。

ポイントは、今日、着ていたスーツやネクタイとはガラッとイメージを変えたもの。女性なら、ちょっと派手かなと思うような服にしたり、いつもと違うメイクにするのもいいでしょう。

人の心は不思議なもので、見た目が変わっただけで自分自身が変わったように感じます。「明日はあの服を着ていこう」と楽しみにして、ぐっすり眠ってしまいましょう。

> **疲れた人は、しばし路傍の草に腰をおろして、道行く人を眺めるがよい。**
>
> **イワン・ツルゲーネフ**

気持ちを明るくする言葉に出会おう

落ち込んだ気分が続くと、どんなに気丈《きじょう》な人でも、ついこんな言葉が出てしまうものです。

「自分はダメな人間だわ」
「こんな気持ちがいつまで続くのか」
「どうして、誰もわかってくれないんだろう」
仕事で失敗したときや友人関係で悩んだとき、ため息まじりに口をついて出てくるのはネガティブな言葉ばかりです。

言葉は不思議な力を持っています。昔の人はそれを「言霊《ことだま》」と呼びました。実は、言葉は心理学的にも重要な役割を担っていて、**落ち込んだ気分をプラスに転じさせるのも、さらにマイナスに引きずり込むのも、言葉に左右されることが多いのです。**

つまり、落ち込んだときほど、ポジティブな言葉を口にするのが効果的。

とはいえ、凹《へこ》んでいるときにポジティブな言葉を探すのはけっこう難しいものでしょう。

しかし、世の中には「名言・名句」を紹介する本が数多くあります。インターネットで検索すれば「金言・格言」が次々とあらわれてきます。そうしたなかから、いまの自分にフィットする言葉を見つければいいのです。

「トンネルは必ず出口につながっている」
「朝の来ない夜はない」
「冬きたりなば、春遠からじ」
「限界だと思ったところから、どれだけ頑張れるかが勝負だ」

まるでアスリートが色紙に書くような言葉ですが、それぞれに、自分自身を奮い立たせてくれる効果はありそうです。

人生にはさまざまな局面が訪れます。でも、たとえ最悪の事態、絶体絶命のピンチだとしても、まさか命を取られることなど、まずありません。それまでの人生がすべて台なしになったりもしないはずです。

長い目で見れば、数々の小さな失敗は自分にとっていい経験となるでしょうし、大きな失敗を回避する知恵や原動力になる場合もあります。

人生で落ち込まない人など、そうそういません。誰でも、壁にぶちあたり、挫折を繰り返しながら、そしてそれを乗り越えて生きているものです。あなただけが苦しんでいるわけではありません。

もう終わりだと思うのも、
さあ始まりだと思うのも、どちらも自分だ。

フェデリコ・フェリーニ

ペットが感情の老化を防いでくれる

動物と触れ合うことでストレスを軽くさせたり、感情を取り戻したりする治療をアニマルセラピーと呼びます。最近よく聞くようになりましたが、実はとても古い歴史があり、古代ローマ時代にも兵士のリハビリのために、馬と触れ合う場をつくっていたという記録が残っています。欧米の医療現場では1960年代から積極的に利用されるようになりました。

岡山県立大学の研究者らが認知症の高齢者に対しておこなった研究では、**アニ**

マルセラピーを6か月続けたところ、うつ状態が明らかに改善したのと同時に、笑顔や発言などの頻度も高くなったそうです。アニマルセラピーは感情の老化改善にも効果があるということです。

これは、シニアが大いに注目したい点で、いつまでも若々しい心を保ちたいなら、ペットを飼うことを考えてみてはどうでしょうか。

ペットを飼う効果は、ほかにもあります。

「会社を定年して以来、妻の機嫌が悪い日が多くなりました。私が家でゴロゴロしているのがストレスになっていたようです。そんなある日、独立した息子が『子犬を拾っちゃった。ウチじゃ飼えないから、2人で飼ってよ』って言うんです。でも、拾った犬にしてはきれいすぎる。どうやら、私たちがうまくいっていないことを聞いて、子犬を買ってきたようです。『犬の世話なんて面倒臭い』と思っていましたが、2人で世話をするうちに妻の機嫌もよくなり、会話も弾むようになりました」

夫が定年したことで奥さんが強いストレスを感じ、場合によっては主人在宅ストレス症候群という心の病を発症することもあります。そのストレスと定年後の夫婦関係を改善してくれたのですから、「子はかすがい」ならぬ「ペットはかすがい」です。

ただし、生活環境によってはペットが飼えない人もいるでしょうし、「最期まで面倒を見られないかもしれない」という不安を持つ人もいると思います。

そんなときは、ぬいぐるみやペット型ロボットを代用してもいいでしょう。**ぬいぐるみのようにふわふわとしたものに触れていると、気持ちが安定する**ことがわかっていますし、ペット型ロボットなら、ある程度の意思疎通が図れますから、きっと「かすがい」になってくれると思います。

「ぬいぐるみやロボットはちょっと……」と考えるなら、植物を育ててみてはどうでしょうか。盆栽のような立派なものである必要はありません。最近は100円ショップにも小さなサボテンや観葉植物が売られています。

市民農園などを借りて野菜を育てるのもいいでしょう。植物を育てるのはけっこう手間がかかるもので、失敗も日常茶飯事です。しかし、その苦労が感情の老化予防にとても効果的なのです。

年を重ねただけでは人は老いない。
理想を失うとき初めて老いる。

サミュエル・ウルマン

イライラを書き出すと心が「スーッ」と晴れる

毎日の生活を送るなかでは、いろいろと気に入らないこともあるでしょう。

こんな話を聞いたことがあります。あるお宅で、近所の女性が、なにかイヤなことがあるとすぐに、「ねえ、聞いてほしいの」と駆け込んでくるのだとか。

相手は一人暮らしなので、「困ったことがあったら、なんでも話してくださいね」と声をかけたりしたものの、たいした問題ではないことでやたらグチをこぼされて、ストレスに感じてしまったというのです。

暗い話やつらい話を毎回聞かされるのはたまりません。「あの人と会ってもグチを聞かされてばかりで……」と、敬遠したくなりますね。

そこで、自分も同じことをしていないか、ちょっと振り返ってみてください。

確かに、イヤなことがあったとき、人に話を聞いてほしいという気持ちは誰にでもあります。

すぐに友人に電話をかけて、長い時間グチをこぼしてしまった……。友人を呼び出して、ランチをとりながらずっと自分ばかり話し続けた……。思い当

たることがありませんか。これでは、自分はスッキリしても、相手の気持ちは重くなるばかりでしょう。

そこで、イヤなことは**「グチ日記」**のような形にしてはどうでしょうか。言いたいことを日記に書いてみるのです。

他人に見せるわけではありませんから、「こんなひどい目にあった！」でも、「もう我慢できない」でも、「いい加減にしてほしいよ」でも、とにかく、なんでも好きに書くのです。たったこれだけですが、気分はスッキリするはずです。

「書く」という行為は、人を冷静にさせるもの。書いているうちに、ムカムカ、イライラの感情はおさまっていきます。

人を巻き込まず、自分自身で問題を解決できるのは、「孤独力」のある人といえるでしょう。

不幸は、これを語ることによって
軽くすることができる。

コルニィエ

「……だからよかった」で、悩みは消せる

心配しなくてもいいことを心配することを「杞憂《きゆう》」といいます。その言葉の由来として、こんな話が伝わっています。

昔、中国に「杞」という国があり、そこに暮らすある人が、毎日、天をあおいで憂いていました。「いつ天が崩れてくるか心配でならない」というのです。

この逸話から、どうなるかわからない将来についてあれこれ案じ、無用の心配をすることを「杞憂」というようになったわけです。

日本でも「うつ」の人は多く、厚生労働省の２０１４年の調査によれば、その患者数はおよそ１１２万人とされています。「うつ」ではないけれど、なんとなく毎日がつまらない、生きる目的や喜びが見出せないと嘆きながら、毎日を暮らしている人はさらに多いでしょう。

実は、こういう人たちに共通していえる特徴が「杞憂」の多さです。どうにもならないことをクヨクヨと悩んで、出口を見失ってしまう人も少なくありません。

その悩みも、たとえば「背があと10センチ高かったら」「目がもう少し大きかったら」というような、他人にすれば「どうして、そんなことを悩むのか」と思うようなこと。ところが本人は真剣に思い悩み続けているケースが多いのです。


最近のフランクル心理学では、ある種の宿命を感じとり、それを受け入れることを教えるようになっています。

フランクル心理学では、自分との対話を通して、それを受け入れるさまざまな方法を提示していますが、そのなかで、最も手っとり早い方法が「どんな場合にも、とにかく『……だからよかった』と最初に言い切ってしまうこと」なのです。

先ほどの悩みでいえば、「背が低い……だからよかった。天井にぶつかる恐れもないし、地面に近いぶん、落とし物を見つける確率が高くなるかな。すごいものを見つけることだってあるかもしれない」ということです。

「会社がリストラを匂《にお》わせた」とすれば、「……だからよかった。リストラをしなければならないほど追い込まれてしまった会社の将来は、けっして明るくないだろう。早めにリストラを言い渡されたほうが、気持ちにケリをつけやすい。同僚より一足早く、転職活動を始められる」となります。

「病気になった」としても「……だからよかった。体も頭もいっぱいいっぱいというサインだろう。きっと、病気は神さまがくれた休日だ。しばらくのんびり休んで、充電するいいチャンスになった」……といったように考えるわけです。

「……だからよかった」とすると、少なくとも、悩み続けることにいったんは終止符を打つことができます。

ここが大事なところで、悩み続けていると、脳内にコルチゾールという物質が放出されます。コルチゾールが出っぱなしになると、脳細胞が死滅し、脳が萎《い》縮《しゅく》してしまうことがわかっているのです。

つまり「……だからよかった」という言葉によって悩みから離れ、コルチゾールの放出にストップをかければ、脳を守ることになるのです。

「……だからよかった」には、もうひとつ、脳の可塑《かそ》性をなくすという働きもあります。可塑性とは、いつも同じように考えてしまう性質です。

「……だからよかった」という言葉で、ネガティブな思考からポジティブな思考に切り替われば、それまでとはまったく別の考え方が引き出されます。そうなると、脳にはさまざまな思考回路が生まれるようになります。

「……だからよかった」は、脳を元気に復活させる、魔法の言葉といえるかもしれません。

　インスタグラムやツイッターなどのSNSでは「いいね！」がおなじみですが、自分自身にも「いいね！」と言ってあげられるのが孤独力でしょう。

上機嫌は、人が社交界にまというる
最上の装身具の一つである。

サッカレー

第8章 孤独を楽しんで生きてみる

世間の
目なんて
気にしない

人生は自分次第で簡単に変わるもの

「私、一人が苦手なんです」という方がいます。

話を聞いてみると、一緒に行ってくれる人がいないときは外出しない、買い物や外食は一人でしたことがないと言います。

それは、「一人が苦手だから、必ず誰かと行動を共にするようにしている」という考え方がベースになっているからでしょう。

しかし、ちょっと角度を変えて考えてみると、**一人ぼっちが苦手というより、一人で行動することに慣れていないだけ**とも受け取れます。

私の知り合いに、三度の飯より旅行が好きという60代の女性がいるのですが、その人は、友だちと旅行に行くこともあれば一人旅をすることもあります。

そして、「気の合う仲間とわいわい行く旅行と、一人で気ままに出かける旅行はまるで別物。それぞれに魅力があるのよ」と言います。

仲間と一緒のときは、「きれいね！」「おいしいわねぇ」「来て良かったね」と、語り合い共感することで盛り上がります。一方、一人旅のときは、「あぁ、きれいだなぁ」「おいしいなぁ」「来て良かったなぁ」と、自分自身と語り合う楽しみがあるというのです。


世の中は、さまざまな人がくっついたり離れたりしながら社会を構成していますが、基本は個人、「一人」です。言い方を変えれば、**誰もが「一人ぼっち」であり、「一人ぼっち」でない人はいないのです。**

「一人ぼっち」という言葉には、孤独、さびしい、悲しい、誰からも相手にしてもらえない、というネガティブなイメージがあるかもしれません。

しかし、「一人きり」と言い換えてみたらどうでしょう。ネガティブなイメージ以外にも、凛《りん》とした強さや、自由な大人という印象があると思いませんか。

自分のことを「一人ぼっちでさびしい」ととらえるか、「一人きりだから自由」

ととらえるか、心理のうえからも、その違いはとても大きいものです。

60歳からの人生は、真の意味で大人の生き方ができる時期。ぜひ、「一人で自分らしく気ままに生きていこう」と、颯爽《さっそう》と踏み出してほしいと思います。

老いたから遊ばなくなるのではない、
遊ばなくなるから老いるのだ。

バーナード・ショー

やらずに後悔するよりやって後悔したほうがいい

いまから数年前、あるテレビ番組で「死が近づいたとき、人はなにを後悔するのか」という特集が放送されて大きな反響を呼んだことがありました。

この番組では、終末期に人が思うことをピックアップして、どうしたら後悔を残さずにすむのかを考察していたのですが、そのなかで私が最も気になったのは、「本当に自分のやりたいことをやらなかった」と後悔している人が多いという点でした。

日本人の平均寿命は年々延びています。しかし、この平均寿命の数字のなかには、寝たきりや認知症の人もたくさん含まれています。つまり、**「60歳で仕事を離れても、まだまだ人生を楽しむ時間はたっぷりある」というのは思い違い**ということです。

人生を楽しむためには、できるだけ健康でいたいものです。健康上の問題がなく日常生活を普通に送れる年齢を「健康寿命」といい、厚生労働省が発表している最新のデータでは、男性72・14歳、女性74・79歳となっています。とすると、**60歳の人には10年ちょっとしか残されていない**ということ。だからこそ、「○○がやりたい」ということをどんどんしないと悔《く》いが残るのです。

団塊の世代のなかには、「大学に通いたかったが、さまざまな事情で通えなかった」という人がたくさんいます。それなら、いまから大学へ通ってもいいはずです。記憶力が衰えているから、いまから勉強するのは無理、とあきらめてはいけません。

実は、私の知人の大工の棟梁《とうりょう》も、高齢になって大学に入学・卒業した人です。家庭の事情で、中学校を卒業すると大工の家へ奉公したそうですが、「勉強したい」「学校へ通いたい」という気持ちを捨てきれず、50歳のときに定時制高校へ通い始めて高校卒業の資格を取り、さらに通信制の大学を卒業し、二級建築士の免許を取得したのですから立派なものではありませんか。

もちろん、これは特別なケースかもしれませんが、人は生きている限り、やりたいことをやっていいと思うのです。

「老成持重《ろうせいじちょう》」という言葉の通り、人は年齢を重ねれば重ねるほど、物事に対して慎重になります。でも、**あまり慎重になりすぎると「石橋を叩いても渡らない」**

ということになりかねず、その結果、やりたいことを残したまま終末期を迎え、大きな後悔を残すことになってしまいます。

もう少し冒険心を持ってみてはどうでしょうか。

青春とは人生のある時期ではなく、心の持ち方をいう。

サミュエル・ウルマン

週末は「定年後の予行演習」をやってみる

生活のすべてを仕事中心に考えて日々を過ごしている、という人は決して珍しくありません。とくに男性はその傾向が強いでしょう。そのため、

「定年後、会社に行かなくなったら、抜け殻になってしまうんじゃないだろうか」

「いまさら趣味や地域デビューと言われても、興味も自信もない、どうしたらいいんだろう」

などといった不安にかられるのです。

そういう方にぜひおすすめしたいのが、「定年後の予行演習」です。

個人差はありますが、人は誰でも未経験のことに対して大なり小なり不安を持つものです。そして、その不安は想像のなかにあるため、漠然としてつかみどころがありません。だから、余計に不安なのです。

そこで、定年後の生活に不安を感じているのなら、定年後の生活をちょっとだけ体験することをおすすめします。

体験を通じて、「なんだ、心配するほどじゃないな」と思えたり、「やっぱり〇〇については心配だ」と思えば、定年前から準備できるからです。

実際に、「定年後の予行演習」をやってみた方の体験を紹介しましょう。

東京近郊のベッドタウンに住むMさんは4人家族。2人の娘がいますが、長女は独立して家を出ているため、共に暮らしているのは妻と次女の3人です。

Mさんは、平日、朝6時半に家を出て都内の会社で働き、帰宅はおおむね夜9時過ぎ。土日は少し足を延ばしてショッピングをしたり、のんびりしたりという生活パターンです。そのため、自分が住んでいる町のことはほとんど知りませんし、それほど愛着もありませんでした。しかし、定年後は一日の多くを家や家の周辺で過ごすようになるわけですから、その感覚を味わうために、思い切って平日に4日間休みを取って過ごしてみたのです。

Mさんがまず驚いたのが、奥さんが想像以上に忙しそうにしていることでした。家にいて奥さんの様子を見ていると、のんびりしている時間はほぼありませんでした。

食事一つとっても、メニューを考えて買い物をし、下ごしらえ、調理、後片づけまで一連の作業は非常に時間がかかります。また、洗濯も、汚れ具合によって何度も洗濯機を回し、手洗いするものもあり、家事と一口に言っても、注意して見ると、想像以上に手間暇がかかるのを知りました。

また、奥さんは、自分の家のことだけでなく、隣に住む高齢者の家の庭の草むしりを手伝ったり、また、離れて暮らす実家の両親に安否の電話をかけたり、自治会役員の仕事をこなしたり。その間にパートに出かけ、友だちとの会食や交流も楽しんでいるようでした。

Mさんは、定年後は妻とのんびり過ごせばいいと思っていましたが、忙しい妻はそれにつきあう暇などなさそうなことを痛感したのです。

また、地元の映画館や美術館などに足を運んだことがなかったのですが、定年後の予行演習ですから、そうしたところにも積極的に行ってみたそうです。すると、シニア割引で1100円ほどで見られ、さらにポイントをためると1本無料で観られることがわかりました。

地域のサービスが思いのほか充実していることにも驚きました。循環バスもシニア割引があり、「定期券がなくなっても、気軽に利用できるな」と感じたそうです。また、たまたま地域のお祭りの準備につきあうことができ、顔なじみもできるようになったとうれしそうに話してくれました。

こうした、さまざまな体験を通してたどり着いた気持ちは、「老後生活もそれ

ほど悪くないな」「なんとなくホッとした」だとか。

人一倍仕事熱心で、会社の業績を上げることや部下の育成などに打ち込んできたMさんは、仕事がなくなることで自分が誰からも必要とされていない孤独人間になるのではないかと不安だったのです。

また、定年後は収入が年金だけになるために、生活を切り詰めなくてはならない。そうなったら生活を楽しむこともできないのではないか。そんな心配も大きかったそうです。

しかし、忙しい妻を見て、自分が代わってできることもたくさんある。また、地域のなかでは人手が求められている。そこで、「仕事に代わるなにか」が見つけられそうな気がしたのです。

さらに、シニアサービスをうまく利用すれば、生活を切り詰めながらも豊かな気持ちを味わうこともできると、なんとなく見えてきたのです。

これは、実際に老後生活をプチ体験してみたからこそわかったことです。**漠然**

とした不安を消すには、不安の中身をきちんと見つめ、具体的な対応策を考えること。だからこそ、定年後の予行演習には大きな意味があるのです。

好奇心はいつだって、新しい道を教えてくれる。

ウォルト・ディズニー

「時間ができたらやりたいこと」をリストアップしよう

60歳からの日常生活がどんなものになるか、それを現役時代に理解している人は意外に少ないものです。

いたとしても、「なにもせずにのんびり暮らしたい」程度の漠然とした考えで、**しかもその考えは、実際にのんびり生活が始まると、間違いだったことがわかります。**前にも話した通り、なにもしないで過ごす生活など、1か月もすれば飽きてしまうでしょう。

「飽きない」という人もいるようですが、これはこれで、とても危険です。**なに**

もせずにボーッと毎日を過ごしていると、認知症のリスクが高くなりますし、フレイルという「加齢によって身体的機能や認知機能が衰えた状態」にもなりやすいのです。

せっかく仕事から離れたのに、心身が衰えて自由を謳歌《おうか》できないというのでは、あまりにも悲しすぎます。そのためにも、50歳を過ぎてからは、ぜひとも「時間ができたらやろう」ということを準備しておいてもらいたいのです。

学生時代になにかサークル活動をしていたのなら、もう一度それに没頭するのもいいですし、歴史研究やスポーツなど、若いころのめり込んでいた趣味を再び始めてもいいでしょう。また、なにか新しく始

めたい人は、グルメ探索などはいかがでしょうか。

グルメ探索というと、高級店を食べ歩くというイメージがあり、「そんな無駄遣いはできない」と思うかもしれませんが、近所にある定食店やラーメン店の食べ歩きだって立派なグルメ探索です。

そして「この料理、おいしい！」と思ったら、自分で再現してみるのもいいでしょう。料理は脳の活性化につながることがわかっていますから、シニアにとっては最高の趣味です。

趣味としては定番の「旅行」は、添乗員に導かれるまま名所旧跡を歩くという団体旅行ではなく、自分で旅程《りょてい》や目的地を考えてみましょう。

パック旅行はなにも考えなくても、効率的にいろいろな場所をリーズナブルに巡ることができる優等生です。時間がない人にとっては便利ですが、せっかく時間に余裕を持てる年代になったのなら、ベルトコンベアに乗せられて観光地を巡るような旅は卒業しましょう。

旅は家を出発するところからではなく、「旅をしたいな」と思ったところから始まります。計画も旅の醍醐味《だいごみ》の一つとして、大いに楽しんでほしいのです。

ただし、これはすべての趣味に言えることですが、**「誰かを誘おう」と勝手に考えないように。**仮にそれがパートナーだとしても、「急に言われても困る」とか、「そんなところへ行きたくない」と断られる場合があります。

だからこそ、「一人で趣味や旅行を楽しむ」という孤独力を養っておくのが大切なのです。

「一人では楽しめない」という人がいますが、それは一人のメリットを知らない思い込みではないでしょうか。一人なら自分のペースで楽しめるのです。

いままでなら、旅行をしていて、「意外とつまらない観光地だから早く出発したい」「疲れたから早めに宿へ行きたい」などと思っても、相手を考えて我慢したことがあるかもしれません。でも、一人なら、早足で観光地を回ったり、予定していた目的地を飛ばしても、誰にも文句は言われないのです。

孤独力が高い人とは、人の力を借りないと同時に、迷惑をかけずに楽しめる趣味を持っている人といえるでしょう。

多すぎる休息は、
少なすぎる休息と同じように疲労させる。

カール・ヒルティ

リュック一つ背負って一人旅に出かけよう

定年後からは旅行を計画する人がたくさんいます。それまでは、仕事に追われて自由になる時間がなかったのですから、「ゆっくりと旅をしたい」という気持ちになるのは当然でしょう。

そこで、55歳からのヤングシニアに提案したいのが、「車に乗らない一人旅」です。

一人旅の良さは、いつもと違う環境に身を置くことで、自分の内面と向き合い、人生の意味を考えるなど、深い時間が過ごせることです。そして、一人旅では予想外のことが起きたとしても、自分の力で対応しなくてはいけません。加齢とともにどうしても誰かに頼る機会が増えるからこそ、自分でなんとかする力をできる限りキープするためにも、一人旅はとても良いのです。

また、「車に乗らない」という理由は、やはり、自分の時間を大切にするためです。車は、好きな場所に行きやすいという利便性はありますが、ハンドルを握るとどうしても、運転に集中しなくてはなりません。

しかし、電車やバスといった交通機関を使えば、心ゆくまで車窓の景色を楽しめます。それまで気づかなかった季節の移り変わりや、その地域に暮らす人々の生活を見て、観光地を巡るだけの旅とは違う味わいを感じられます。

さらに、**「できるだけお金をかけずに旅をする」という〝縛り〟を加えれば、いろいろ考えなければなりませんから、脳はかなり刺激されるはず**です。

なかでもおすすめなのが、「青春18きっぷ」を利用した旅です。青春18きっぷとは、JR全線の快速・普通列車の普通車自由席に、自由に乗り降りできるきっぷです。「青春18」という名前が付いているので、学生しか利用できないと思っている人が多いようですが、年齢に関係なく利用できます。

青春18きっぷ1枚の有効期限は当日限りですが、それでも東京から青森や小倉まで行ったという強者《つわもの》もいるそうですから、時刻表とにらめっこして、できるだけ遠くを目指してみるのもいいでしょう。

また、最近では、シニアのあいだでロードバイク人気が高まっています。

ロードバイクといっても本格的にスピードを求めるものだけでなく、のんびりとサイクリングを楽しむものまで幅広くあります。

リュック一つ背負って温泉めぐりをするシニアも増えているそうですから、こうした旅の楽しみ方を選択肢の一つにしてもいいでしょう。

孤独は知恵の最善の乳母である。

シュティルナー

「いまさら」は禁句。「いまから」と言ってみる

「好事魔多し《こうじま》」という言葉があります。それまで順調に進んでいたことやおめでたいことは、往々にしてアクシデントに見舞われやすいという意味です。

そんなとき、それまで精魂《せいこん》を傾けて取り組んできただけに、ガッカリするのは当然です。でも、そこで「あんなにがんばってきたのに……」。だけど、いまさらなにを言っても始まらない」と言ってしまっては元も子もありません。

たしかに、誰でも口にしそうなフレーズですが、気になるのは「いまさら」という言葉。この言葉には、どこかネガティブで投げやりな印象があります。

実際、たいていの場合、否定的な表現として使われます。「もう考えるのをやめる」「それ以上、行動することを放棄する」といったときに出てくるのが「いまさら」です。そして、**「いまさら」と口にしたとたん、自分自身の思考や行動にブレーキがかかります。**前向きな姿勢や、歩みを進める意欲を喪失した状態に

してしまうのが「いまさら」なのです。

そこで、そんなときでも「いまから」と言ってみてはどうでしょう。

「いまから、頭を切り換えて考えてみよう」

「いまからだって、やれることはあるはずだ」

同じ状況でも、向き合い方は「いまさら」とはまったく違うことがわかりますね。思考や行動が再スタートを切る準備を始めているように感じられるはずです。

「言霊《ことだま》」というように、人が口にする言葉の影響力は考える以上に大きいものです。自分が発した言葉が、ときには自分自身のブレーキになり、ときにはアクセルにもなります。

厳しい場面におかれたときこそ、「アクセル言葉」を使うように心がけることで道は開けてくるものです。

いつかできることはすべて、今日でもできる。

モンテーニュ

「生きがい、生きがい」とあせらなくていい

歳を重ねると誰もが、「この先、なにを生きがいにしていけばいいのだろう」という思いを持つものです。

そして、「生きがいを持たなければ！」とか「もっと楽しまなければいけない」と、自分を追い詰めてしまう人もいます。

あなたは「生きがい」や「楽しい人生」という言葉にどんなイメージを抱くでしょうか。たくさんの人に期待されて活躍する自分でしょうか。それとも旅行や趣味を存分に楽しむ優雅な自分でしょうか。あるいは、孫や子どもに囲まれた団らんの時間でしょうか。

しかし、私は**「生きがい」や「楽しい人生」というのは、もっと身近ですぐ手の届くところにあるもの**だと考えています。なぜなら、誰もが簡単に手に入れられないものなら、世の中は不幸な人だらけになってしまうからです。

周りを見回すとわかりますが、「毎日がマンネリだ」「生活がラクではない」と文句を言いながらも、みんなそれなりに平穏な生活を送っていますね。その日の食べ物や、住むところにも事欠いている人には、めったにお目にかからないでしょう。

そもそも、**生きがいとは、生きるに値するもの。**生きていく張り合いや喜びといった意味の言葉です。生きるのがつらくてたまらないとか、早く死んでしまいたいといった思いを日々抱えている人は別として、ごく普通に生活している人は、十分に「生きがい」を持って生活しているのではないでしょうか。

「人生をもっと楽しもう！」というフレーズをたびたび耳にしますが、それらは、商品やサービスの購入を促《うなが》すために使われる言葉です。

メディアからそうした言葉がひっきりなしに発信されるので、無意識に、「もっと生きがいを持たなければいけないのではないか……」「自分はもっともっと人生を楽しめるんじゃないのか……」と、焦燥《しょうそう》感を抱いてしまうわけです。

しかし、基本的に人間にとって必要なのは「衣食住」だけ。「食う寝るところに住むところ」があれば、それほど心配はないと思ってください。

幸福は、われわれがそれを所有していると意識することのうちに存する。

ジュルジュ・サンド

川柳が人生を豊かに深める

定年後、ほとんどの人が心配するのが「お金」のことでしょう。

「時間がたっぷりあっても、先立つものがなければ楽しめない」

「趣味を始めるのも、なにかとお金がかかるから……」

そんな声はどこに行っても耳に入ってきます。

しかし、お金がかからず、誰でも簡単に始められ、生きがいになったり、人生に彩りを与えてくれる。おまけに、体に不調があってもできる趣味があります。

それが川柳《せんりゅう》です。

川柳と聞くと、「自分にそんな才能は……」と尻込《しりご》みする人も多いのですが、コンクールに応募して賞を取ろうとか、誰かをうならせてやろうといった野望を抱かなければ、身近で手軽でこんなにいい趣味はないと思います。

もちろん、腕を磨いて高みを目指そうと思えるのなら、それもまた大いに結構。モチベーションの高さは若々しさを保つ原動力となります。

川柳は、17文字の短い詩です。俳句と異なり季語が必要ないぶん、ある意味、なんでもあり。そして、**「五・七・五」は日本人なら誰でも持っている心地よいリズムなので、決して難しくありません。**

サラリーマン川柳や、ダイエット川柳、猫川柳、犬川柳など、テーマ別の川柳が人気を博していますが、そのなかでも、シニアを対象にしたシルバー川柳は大人気。長く生きてきたからこそ表現できる人生の機微《きび》があるからでしょう。つらいことも川柳で笑い飛ばしたり、政治や社会問題を短い言葉で風刺《ふうし》したりするわけです。

鉛筆とメモ帳さえあれば、いますぐ始められるのですから、こんなに手軽な趣味はありません。

また、川柳を始めることで、さまざまな効果があります。たとえば、心の掃除ができること。

生きていれば、心のなかにいろいろなモヤモヤがたまってきます。しかし、それを話す相手が見つからなかったり、また、**人にグチを聞かせるのはイヤだという人は、川柳にして吐《は》き出すことができる**のです。いわば、心のデトックスといったところでしょうか。

また、物事を丁寧に見られるようになります。川柳は、自分の身近なところにある材料や感じたことを表現するわけですが、そのためには、日ごろから

身の回りをよく観察する必要があります。それによって、脳が活性化されますし、なにより、みずみずしい感性を保てるのです。

川柳のネタを探すために、外に出て、景色を見たり、人の様子を観察したり、人様の会話に耳をそばだてたり。つまり、**好奇心のアンテナをあちこちに張り巡らすようになります**。これは心の老化を防ぐのにとても効果がありますし、外出すればそれなりに運動になります。

さらに、日光を浴び適度な運動をするのは、「うつ」の予防にもなります。

ちょっと探せば、川柳の公募はいくらでもありますし、新聞各紙には、川柳コーナーを設けられており、そこに掲載されることが、川柳を書く励《はげ》みになっているという人がたくさんいるそうです。

人生は、その年齢ごとの輝きや味わいがあります。川柳を通じて、それまで見過ごしていた小さな幸せや喜びを実感できれば、きっと人生の素晴らしさを再認識できるでしょう。

なにより川柳は、一人で考え、一人の時間を深めることができる趣味でもあります。とにかく始めてみませんか。

人生は活動の中にあり、貧しき休息は死を意味する。

ヴォルテール

文章を「声に出して読む」と脳が活性化する

カラオケはシニアの健康を維持するうえで、とてもよい趣味だとされています。上手に歌うには腹式呼吸《ふくしきこきゅう》を身につけなければならないからです。

腹式呼吸で新鮮な酸素を体内に大量に取り入れると、新陳代謝《しんちんたいしゃ》が活発になると同時に自律神経《じりつしんけい》も刺激されて、内臓の働きが良くなります。さらに、歌詞を覚えようとすると脳が活性化して、認知症の予防にも役立つとされています。

しかし、「居場所がないからカラオケボックスで時間を潰《つぶ》している」という話も聞きます。平日の昼間は1時間数百円程度で利用でき、持ち込みOKでドリンクバーも飲み放題など、お金を使わずに過ごせるため、図書館に代わる「シニアの居場所」になっているとか。

カラオケボックスで一人で過ごすのもいいのですが、「まったく歌わない」「ただ時間を潰すだけ」というのでは、たとえ1時間数百円でもお金がもったいないですし、人生のムダといえるかもしれません。

もし「カラオケは好きではないけれど、カラオケボックスで時間を潰している」という人がいたら、その前に図書館へ寄り、おもしろそうな本を借りていくことをおすすめします。一人きりになったら、その本を開き、声に出して読んでみるのです。

これは「音読」という読み方で、黙読では文字情報が「目→脳」というシンプルな伝わり方をしますが、**音読は「目→脳→発声器官」のように、いったん脳に伝わった情報をほぼ同時に発声器官に伝えるため、脳が大いに活性化します。**

音読の効果は想像以上です。ある老人施設で、認知症の初期症状が見られる人に**1日15分間ずつ本を音読してもらったところ、1か月後にはオムツがいらなくなる人が続出した**という結果が出ているほどです。

シニアがキレやすくなるのは、加齢とともに前頭葉《ぜんとうよう》の働きが衰えるためだと話しました。この衰えの原因の一つに神経細胞の受容体数の減少があります。受容体が減ると、いくら「落ち着け」と命令を下しても伝わりにくく、十分に応じられなくなり、キレてしまうのです。

これと似たことが認知症でも起きる場合があります。つまり、認知症の改善に効果があったということは、キレやすさも改善できる可能性が高いというわけですね。

ただし、音読は脳をとても疲れさせるので、1回あたり15～30分程度にとどめておきましょう。

時間のムダづかいは、一種の自殺行為である。
ジョージ・サヴィル

お金にこだわらないことを増やしていく

心理学者のアブラハム・マズローは、**「欲求5段階説」**を唱えています。

欲求五段階説とは、人の要求には5段階あり、下階層の欲求がある程度満たされると、次の欲求に進むという考え方です。その5段階の欲求とは、下から生理的欲求、安全欲求、社会的欲求、承認欲求、自己実現欲求とされます。

生理的欲求は、食べたい、飲みたいという気持ちですが、幸い、日本ではほとんどの人が食べることができていますから、これは満足できています。

また、安全欲求とは「安心して暮らしたい」という気持ちで、日本は比較的治安のよい国ですから、これもまあまあ満足できているでしょう。

社会的欲求は、友人や家庭、会社から受け入れられたいという気持ちです。

そして、承認欲求は、尊敬されたいという気持ちです。この2つの気持ちについて「満たされていない」と感じているシニアが多いのですが、これまで紹介してきた考え方や生き方をすることによって、ある程度は満足させられると思います。

さて、最後に残るのが、自己実現欲求です。**自分の能力や経験を使ってなんらかの社会貢献や創造的活動をしたいという気持ち**です。

事業で大成功した人や芸能人などは、積極的に慈善《じぜん》活動や募金をすることが多くあります。鉄鋼王として知られるアンドリュー・カーネギーは、3億5000ドル以上を教育・学術・社会事業に寄付《きふ》したそうです。

成功者たちがこうした慈善活動をするのを見て「偽善的だ」と笑う人もいますが、心理学的に見ると、彼らは4段階の欲求を満たしたから善行を始めたと考えられます。「なんらかの形で、世の中の役に立つことをしたい」と感じ始めるのは自然なのです。

その欲求を満たす最も簡単な方法が、ボランティアといえます。ボランティアをしたことがない人は、「どうしてタダ働きしなければいけないのか」と思うかもしれません。しかし、その気持ちは、一度でもボランティアをやってみれば消え失せると思います。**ボランティア経験者のほとんどが「誰かの役に立つことが、これほど大きな喜びにつながるとは思わなかった」と話している**のです。

なんらかの形で人を助けると、相手から「ありがとう」の言葉が出ます。この一言が、分厚く積まれた現金よりも貴重なことは、ボランティアをやってみなければ実感できません。実は、心理学の実験でも「有償でした仕事よりも、無償の仕事のほうがやりがいを感じる」とわかっているのです。

とはいうものの、これまでにボランティアの経験がないと、どのようなボランティア活動があるのかわからないでしょう。そんなときにこそ、利用してほしいのがインターネットです。インターネットの玄関口として知られる「Yahoo! JAPAN」には「Yahoo! ボランティア」というページがあり、医療介護から災害支援まで、さまざまな種類・地域のボランティア募集が掲載されています。

なかには「ペットロスで悩んでいる人の話を聞く」「目が不自由な人のために本を朗読する」「ハガキの宛名書きをする」のように、**特別な技能がなくても参**

加できるボランティアがたくさんあります。

最近注目されているのが、地震や台風などで被害を受けた地域の復興に力を貸す災害ボランティアです。「もういい歳だから、それは無理」と思うかもしれませんが、**災害ボランティアにも、力仕事だけでなくさまざまな仕事があり、まだまだできることはあるはずです。**

ただし、そう思ってもいきなり被災地へ行くのはいけません。まずは、前出の「Yahoo! ボランティア」や全国社会福祉協議会などのウェブサイトで最新情報を確認し、そこから参加を申し込むこと。そして、万が一ボランティア活動中に怪《け》我《が》をしても被災地に迷惑をかけないよう、ボランティア活動保険に必ず加入しておきましょう。

タダ働きする余裕なんてないという方もいると思いますが、ぜひボランティアに参加して、「誰かの役に立ちたい」という欲求を満たしてもらいたいと思います。

美しい姿は美しい顔に勝り、
美しい行いは美しい姿に勝る。

ラルフ・ウォルドー・エマソン

保坂 隆（ほさか・たかし）

1952年山梨県生まれ。保坂サイコオンコロジー・クリニック院長、聖路加国際病院診療教育アドバイザー。慶應義塾大学医学部卒業後、同大学精神神経科入局。1990年より2年間、米国カリフォルニア大学へ留学。東海大学医学部教授（精神医学）、聖路加国際病院リエゾンセンター長・精神腫瘍科部長、聖路加国際大学臨床教授を経て、2017年より現職。

著書に『精神科医が教える50歳からの人生を楽しむ老後術』『精神科医が教える50歳からのお金がなくても平気な老後術』（大和書房）、『精神科医が教えるちょこっとずぼら老後のすすめ』（海竜社）などがある。

＊本作品は当文庫のための書き下ろしです。

だいわ文庫

精神科医《せいしんかい》が教《おし》える
60歳《さい》からの人生《じんせい》を楽《たの》しむ孤独力《こどくりょく》

著者 保《ほ》坂《さか》隆《たかし》

二〇二〇年一月一五日第一刷発行
二〇二一年一二月一〇日第九刷発行

発行者 佐藤靖
発行所 大和《だいわ》書房
東京都文京区関口一－三三－四 〒一一二－〇〇一四
電話 〇三－三二〇三－四五一一

フォーマットデザイン 鈴木成一デザイン室
本文デザイン 菊地達也事務所
編集協力 幸運社、岡崎博之
イラスト 岸潤一
本文印刷 厚徳社 カバー印刷 山一印刷
製本 ナショナル製本

ISBN978-4-479-30787-7
乱丁本・落丁本はお取り替えいたします。
http://www.daiwashobo.co.jp